艺术人生系列

Klimt
克里姆特

〔意〕马泰奥·基尼 著
范莺兰 译

陕西新华出版传媒集团
太白文艺出版社

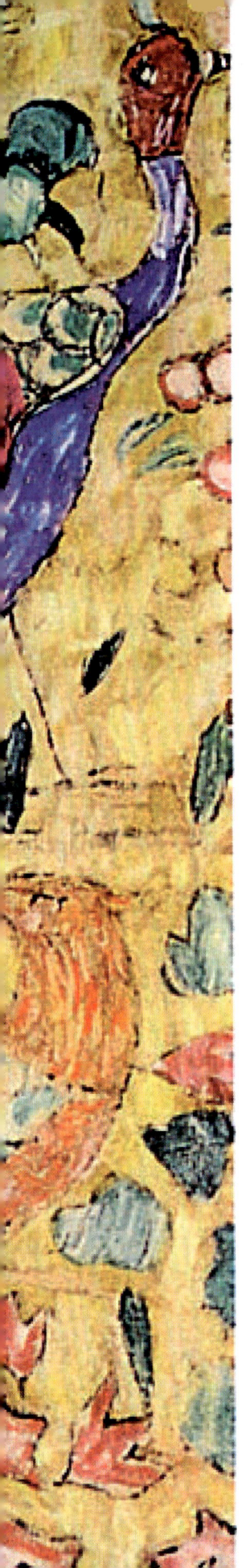

目　录

1862—1896	**历史主义教育时期**	**7**
	颇具争议的画家	
	戒指路上的画作	
	最初的杰作	
1897—1900	**向分裂主义者转变时期**	**33**
	维也纳分离派	
	忒休斯和米诺陶诺斯	
	维也纳大学壁画丑闻事件	
1901—1907	**金色时期**	**67**
	法学	
	贝多芬横饰带	
	寓意画	
	风景画	
	克里姆特与他的女性世界	
1908—1918	**华丽风格时期**	**115**
	斯托克雷特横饰带	
	1908年与1909年的Kunstschau艺术展	
	华丽风格	

年表	154
索引	158
参考书目	162

◀ **音乐寓言 I**（1895）
局部
慕尼黑，新绘画陈列馆

1862—1896
历史主义教育时期

颇具争议的画家

古斯塔夫·克里姆特（Gustav Klimt），年少时（19世纪晚期）曾是学院派的神童，有一段时间他似乎还是奥地利华丽艺术派的拥护者之一，虽然最终并没有继承该画派的风格，但作为其阶段性的拥护者，克里姆特深受资产阶级保守派的喜爱，也因此得以表达了他想在维也纳立足的心愿。克里姆特还应奥地利皇帝弗朗茨·约瑟夫一世（Francesco Giuseppe I）的要求为其画像，然而众所周知，这位皇帝对艺术问题知之甚少。不料，30岁之后的克里姆特，竟成了奥地利艺术最大胆的改革者之一，在新艺术运动中，他是毋庸置疑的领导者，并且主导创办了维也纳分离派。尽管他本人性格腼腆内向，但作为画家却是激情非凡，且尤擅情欲画，称得上是一位以高度新颖的作品挑衅保守传统的艺术家。所以，在全世界的象征主义界，克里姆特获得了令人敬仰的地位。他的这种性格与艺术风格的矛盾，使得其作品时至今日仍然让人难以理解且备受争论。发声反对他的人在历史先锋派盛行时期数量剧增，最近却大幅度减少了。在他为数不多的言论之中，有一次克里姆特说道："如果有任何人想要了解我，就从我画家的身份出发吧——这是我唯一值得被了解的一面，请仔仔细细地观察我的画，从中尽可能地发现我是谁、我想得到什么。"于是，在克里姆特销声匿迹、被人们抛诸脑后数十年之后，人们又重新回到克里姆特的作品前，

弗朗茨·马奇（坐）与恩斯特·克里姆特合影，二人都身着戏装，保持姿态，以便于画像。

奥地利艺术家费迪南德·劳夫贝尔格的绘画班（约1880）。第一排左起：劳夫贝尔格，古斯塔夫·克里姆特和恩斯特·克里姆特；弗朗茨·马奇在第三排靠右。

克里姆特出生的房屋，位于维也纳林茨大街247号。

有胡子的男人肖像（1879）

小女孩肖像（1879）

如他所言一般，集中注意力去观察他的画，借由细致的语文学研究来解读他的画，竭力去探索画中隐藏的深意，人们重新发现了克里姆特画作的价值，从19世纪末传统学院派的老旧艺术标准，到充满了束缚与矛盾的对艺术全新的认识，在这个过渡阶段中，他的画被认为是意义最深远的作品之一。

对艺术全新的认识就是所谓的"青年风格（Jugendstil）"，后来在意大利它被称为"自由风格（Liberty）"或者"花叶饰风格（Stile Floreale）"，这一风格在冠有象征主义名号的大部分艺术作品中得到体现。可见，克里姆特作品的命运其实并非一帆风顺，唯一成功救了他的，是19世纪和20世纪非先锋派文化时期人们对他作品的重新评价，这次重新评价让他脱离了那段不值一提的困难时期，在那段时期里，人们都不愿意遵循大势所趋的艺术演变倾向，而是一心想着重新思量那些长于表情达意的英才，想在他们所属的时代范畴重新考虑这些英才的位置。

古斯塔夫·克里姆特1862年7月14日出生在位于维也纳郊区的鲍姆加登，在家里七个孩子中排行第二。其父恩斯特·克里姆特，乡村出身，地位卑微，以做雕刻匠为生，克里姆特从父亲那里继承了对手工工艺的热爱和对工艺材料的珍视。其母安娜·克里姆特，年少时从事过演唱歌剧曲目的工作,虽没有取得成功,但她一直怀着对音乐世界的满腔热情。青少年时期的克里姆特,与他的两个弟弟恩斯特和乔治都对艺术满怀热爱。恩斯特协同克里姆特一起开拓了他早熟的绘画事业,并共同建立了一间工作室,取名为"艺术家集团",这间工作室经历了短暂的辉煌时期,不幸的是1892年恩斯特英年早逝。

而乔治作为一名雕塑工人和凿刻工人,为克里姆特的画作制作了一些极其精美的画框。

顺利度过了四年的中学生活之后,14岁时克里姆特开始就读于维也纳艺术工商学校(Kunstgewerbeschule),附属于奥地利艺术工艺博物馆,这是当时最前卫的几所工艺美术学校之一。自1876年起,克里姆特在这所学校里学习外形和装饰设计,在此之后,他开始跟随雕刻师费迪南德·劳夫贝尔格(Ferdinand Laufberger)主修装饰画,在费迪南德逝世后,又跟随尤里乌斯·维克多·贝尔格(Julius Victor Berger)继续学习。克里姆特从学校老师处接受的教育内容十分常规,带有浓厚的历史主义的印记,历史主义这一概念在19世纪后半叶广为流传,主要是指对过去的艺术风格的模仿和改造。大部分古典主义风格、文艺复兴风格或是巴洛克风格的艺术家,都被当代人逼真地模仿以及改造,而且是遵循着固有的模式,那便是使用一种兼收并蓄而又华而不实的语言符号,这种语言符号通常以历史性的或是讽喻性的题材为主题。此种类型的绘画的代表人物是汉斯·马卡特(Hans Makart),是克里姆特的老师尤里乌斯·维克多·贝尔格的至交,汉斯备受赏识,是当时最具代表性的几座建筑的室内装饰家。

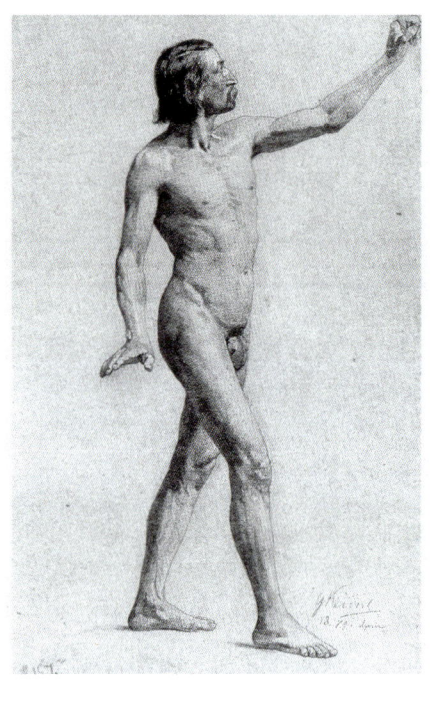

右脚迈了一步的裸男(1877—1879)
维也纳,卡尔广场维也纳博物馆

裸男(约1883)▶
维也纳,奥地利美景宫美术馆

戒指路上的画作

这是"环城大道时期"。环城大道是一条环绕着维也纳城中心的林荫大道,它见证了艺术家们的活动在短期内迅速增多。城中心的中世纪围墙,是欧洲中心城市里最古老的留存建筑之一,但其实在1857年,人们决定要拆掉它,并出售移除围墙后可用于建筑的土地,用售卖土地获得的钱来提供资金,以便于修建一系列的公共建筑。因此,环城大道上便布满了恢宏的大厦和美丽的公园,皆是由才华横溢的建筑师们倾力打造,其中不得不提的名字是戈特弗里德·森佩尔(Gottfried Semper)。

古斯塔夫·克里姆特在1879年已经与弟弟恩斯特·克里姆特和同学弗朗茨·马奇(Franz Matsch)一起,建立了一个艺术家团体,即"艺术家集团(Künstlercompagnie)",而且他也参与了戒指路上的画作,他是从维也纳许愿教堂的玻璃门窗开始的,这是环城大道上第一座重要的建筑物。在这项工作之后,他们的"艺术家集团"将要对一系列建筑物进行装饰,这些建筑物是由维

左图
为青年作的画
(1882)
维也纳,卡尔广场维也纳博物馆

右图
环城大道时期照片(约摄于1880),照片上方从左至右:被脚手架所包围着的议会大厦、正在修建中的市政府、维也纳大学。

寓言（1882）
维也纳，卡尔广场维也纳博物馆

也纳建筑师费迪南·费尔纳（Fellner）和赫尔曼·赫尔莫（Hellmer）所设计，分别是：赖兴贝格剧院、里耶卡剧院、布加勒斯特剧院、卡尔斯巴德剧院、位于特兰斯瓦尼亚的 Pelesch 城堡、Sturany 宫殿和维也纳附近的爱马仕别墅。但所有的这些装饰工作，都显示出了克里姆特仍然深受汉斯·马卡特的含糊费解的风格所束缚，以至于他自己的艺术风格不够独立和健全，难以认清自我。正如他们三人（克里姆特、恩斯特和弗朗茨）在一封有意计划的信里写的那样，"我们的老师的教导十分全面，令我们受益匪浅，因此我们为自己能够学以致用而感到无比幸运。"这种说法解释了为什么从这三位年轻艺术家早期的作品中，人们常常很难发现他们自身的特点。实际上，他们每个人都参照着同样的模范，个人的作品都是基于对过去艺术家的模仿，而且他们随波逐流，尽力让自己的作品去迎合大众口味。

在"克里姆特风格"最初的几次尝试中，值得一提的只有他为鸿篇巨制《寓意与象征》系列组画所绘制的作品。该系列组画的出版者，马丁·格拉克（Martin Gerlach）提议准备一部手册，用于记载以人类生活最具代表性的一些方面为主题的装饰模型：从最精神层面上的，能够唤起人们的喜悦和欢愉（爱、舞蹈、音乐）的情感，到艺术世界与科学世界的寓意画；从四季的轮回，到人类灵魂深处最久远最高贵的体验（死亡与永生）。在克里姆特所有有关以上这些内容的画作中，只有两幅是油画，《寓言》和《牧歌》。在《寓言》中，一名象征着"寓言"的少女，右手拿着一支鹅毛笔，在她身后的石面上放置着一卷纸带，少女用手中的鹅毛笔在纸带上绘画。在她周围的各种野兽象征着伊索寓言或是让·德·拉·封丹（Jean de la Fontaine）的寓言诗。如果说这幅画的风格是参照威尼斯文艺复兴（以乔尔乔纳和提香为首）的风格，以其从植物的荫翳之处浮现的，似有镀金一般的红润之色和苍白透明之感为特点，那么，在《牧歌》中，克里姆特画在幅面两侧的裸体画像，想要追寻的却是米开朗琪罗作品中的肉体坚实、肌肉紧绷的特征，与此同时，他画在幅面中心的圆框之中的内容，又令人联想到拉斐尔的新古典主义风格作品之中的温馨和谐。为了进一步证实这已然显而易见的兼收并蓄，我们可以举他和弟弟恩斯特，以及弗朗茨·马奇一起创作的《向艺术致敬》（Omaggio All'Arte）为例，这一作品的内容显示，克里姆特还受到了提埃波罗的

牧歌（1884）
维也纳，卡尔广场维也纳博物馆

维也纳老城堡剧院内部图（1888）
维也纳，卡尔广场维也纳博物馆

洛可可式创作风格的极大影响。

汉斯·马卡特去世之后，在1886年，（克里姆特、恩斯特和弗朗茨·马奇）三人的艺术家团体接下了一项重要的任务，即装饰由森佩尔和哈森内尔（Hasenauer）设计的新维也纳城堡剧院①。这是第一次，他们三位艺术家的艺术风格显现出了鲜明的差异，克里姆特的艺术风格因其特色和独创性而崭露头角。说一句题外话，是关于城堡剧院修建之初的轶事：剧院的演出主题是由当时的院长阿道夫·冯·维尔布兰特（Adolf von Walbrandt）所提出的。克里姆特承担了最复杂的一部分工作，他负责装饰位于城堡剧院入口处的主楼梯所对的天花板上的两处拱顶和三个隔断部分，在其上画了《阿波罗和狄俄尼索斯的祭坛》《陶尔米纳剧院》《泰斯庇斯旅行车》和《伦敦环球剧场》。

订画方对绘画的要求是具有形象性并带有历史主义意趣，然而，著名的《陶尔米纳剧院》中的场景，却倾向于高深莫测的象征主义，与英国画家劳伦斯·阿尔玛-塔德玛（Lawrence Alma-Tadema）画笔下精

---

① 城堡剧院（Burgtheater）建于1874—1888年。前身是皇家宫廷剧院，如今是欧洲著名的剧院之一。——译注

致而又抽象的场景十分相似。

这样的画面有一种引人期待的魔力，就好像其中所有的内容都具有着更深一层的意境，越过图案表面人们除了可见优美和雅致，仿佛也能听见飘扬回荡的声音，而这些声音无形地存在于图案背后。

次年，维也纳市政厅要求克里姆特画一幅能展现出城堡剧院内部景象的作品，奥地利上流社会的绅士和夫人们，都争先恐后地想要在这幅贵族社交界的集体画像中占得一个位置。当时克里姆特正处在时代浪潮尖端，他的水彩画得到了奥地利皇帝的赏识，并且获得了来自皇帝私人的400金币的奖赏。

1890年，弗朗茨·马奇和克里姆特兄弟俩共同接下了一项光荣的任务——装饰刚完工不久的维也纳艺术史博物馆，用油彩粉刷博物馆内大台阶的穿隅和柱间，这项工程原本是交与汉斯·马卡特来完成的，但因为他的英年早逝而不得已中止。之所以选择由他们三人来继续这项工作，是由于人们在他们先前所作的作品之中，找到了一些汉斯·马卡特的艺术作品中的经典特征：对现实事物的"复制"遵循自然主义，并且有着严谨的态度；丰富的装饰性和对于女性体态近乎苛刻的关注。克里姆特三人在维也纳艺术史博物馆内的绘画主题，主要是回顾欧洲艺术史上最为重要的那些社会事件，从古希腊、古埃及到意大利文艺复兴，所有主题须得通过严格的审核研究才可以开始绘画。所谓的审核研究，其对象是博物馆内的藏品中所呈现的相应时代的舞台布景、艺

陶尔米纳剧院▶
（1886—1888）
维也纳，城堡剧院

泰斯庇斯旅行车
（1888）
维也纳，城堡剧院

◀ **两个女孩与夹竹桃**（1890—1892）

塔纳格拉女孩（古希腊主题第二部分）（1890—1891）维也纳，艺术史博物馆▼

术品和演出服装。在第二个柱间（用于古希腊主题的装饰），克里姆特在《塔纳格拉女孩》中描绘了他此后所有作品中的女性特征的形象之一，那种"拉斐尔前派式的冷冰冰的贞女形象"，性别模糊，端庄沉着，总是游走在温柔与严肃之间。从《塔纳格拉女孩》开始，克里姆特画中的女性形象都与"诱惑难挡的女人"这一形象形成对立，后者的美丽中充满诱惑和威胁，在1901年亚历山德罗·阿罗里（Alessandro Allori）之子所画的《朱迪塔》中可以找到最符合这种形象的典型。尽管有着严格的文献方面的程序，但是在克里姆特的画中仍旧可以看到，苍白单薄的少女穿戴着时髦的衣裳和发饰，几近被剪切过一样的形象出现在画面底部，具有平面装饰的效果，这种风格的作品预示着象征主义时代的来临。无论如何，人物

形象确实应该带着符合传统的外形出现在画面中，但是皇帝（品位并不太具有进步性）也确实在看见（克里姆特等）三位艺术家的最终成果时眼前一亮。

我对我自身毫无兴趣

"我从来没有给自己画过任何自画像。我对为我自身作画丝毫没有兴趣，相比之下，我对画其他人更为感兴趣，尤其是女性，但同时其他事物也能引发我作画的兴趣。我确信，我自己完全无法令我有画画的兴致。我是一名画师，一个每天都要画画的人，从清晨到夜晚，从人物到景色，肖像画得不多，但也是有的。"

以上是克里姆特的自述，这段简短的自述对于后人对这位画家的研究十分重要，因为这些话为后人分析他复杂的个性提供了一些要素，也在一定程度上解释了为什么即便已经找到了大量有关克里姆特作品的资料，人们对这位画家的脾气秉性的了解却仍然非常有限。克里姆特本人的性格愈发神秘莫测，他的作品就愈发具有辨识度且愈加被人临摹。他拥有着强健的体魄，简单寻常的外貌（在克里姆特所处的时代，这是十足的普通百姓外表），却以一种几乎冒失的目光，有力地保护了自己的隐私，因此他的私生活总是显得迷雾缭绕。他不喜欢处在舆论的中心（就像那些关于他为维也纳大学画的三幅画的争议一样），在公众面前露面令他感到不自在。克里姆特时常被强烈的阴暗压抑的负面情绪所折磨，这样的情绪首次显现出来，是在他父亲和他亲爱的弟弟恩斯特去世时。他给艾米丽·芙洛格（Emilie Flöge）写了无数信件，芙洛格的姐姐在1891年嫁给了他的弟弟恩斯特，即便是在给这位红颜知己的信中，他也表现得冷淡和有所保留。然而，克里姆特与玛丽·齐默尔曼（Marie Zimmermann）的关系却更为密切，他常常与她交流关于自己作品的感想，并且，我们后人也不知这样说是否有失偏颇——与齐默尔曼的交流使得克里姆特对艺术家的艺术生涯十分气馁："当你告诉我，作为一名女画家很难拥有光明前途时，我相信了你的话……事实是，绘画是很难的，非常难，关于这一点我十分清楚，亲爱的小玛齐，我已经为绘画奉献了一切。"克里姆特与齐默尔曼有两个孩子，尽管经济状况并不总是宽裕，他却一直给孩子们提供着赡养费，并且始终全心全意地关爱着他们。

《雕塑寓言》草图（1896）
维也纳，卡尔广场维也纳博物馆

雕塑寓言（1889）
维也纳，奥地利应用艺术博物馆

最初的杰作

如果说有那么一件事情，标志着克里姆特艺术生涯的转折点，那无疑是这段痛苦的经历：父亲在1892年逝世，同年，弟弟恩斯特也永远离开了他。弟弟的去世也导致了"艺术家集团（Künstlercompagnie）"的解散。此后，克里姆特进入了一段低谷时期，在此期间他遭遇了创作危机，不过，仅仅三年之后，他便已经就他自己的艺术观点和风格做出了决定性的改变，因而走出了这段低谷时期。就这样，克里姆特一面毅然决然地舍弃他的老师们教给他的学院式的历史主义艺术风格，一面开始完善在国际现代主义范围内修订过的原始美学风格。

在《寓言和象征》第二版中，他做出了第一次，也是非凡的一次尝试。克里姆特在1882—1884年的画，与在1895—1897年的画有着极

《悲剧的寓言》素描（1897）
维也纳，卡尔广场维也纳博物馆

《朱尼厄斯的寓言》草图（1896）
维也纳，卡尔广场维也纳博物馆

大的差异。如果说在1882—1884年的画里，他对人体画和装饰画的兴趣，还囿于古典主义推崇者设立的范围和绘画方法的限制而不得尽情发挥；那么在1895—1897年，他的画则表现得更为轻快和专注，以更自由和有效的绘画方法来规划画面的空间，更好地符合了时代所需要的形式上的新颖。在最著名的几幅画中——我们可以举《朱尼厄斯的寓言》（1896）和《悲剧的寓言》（1897）为例，在所有的这些画中，中心人物形象都占据着巨大幅面，并且精准地运用了黑色来加以强调突出，这些中心形象四周，或是围绕着一个空白的空间，或是微妙地加以处理，减轻了构图上的负担。克里姆特擅长用明暗对比来突出画面的明亮部分，此外，他还会依据特定的主题，利用金箔来使画面中的人物形象更加丰满，这也在后来成了他的艺术风格中辨识度极高的创作特色之一。

爱（1895）
维也纳，卡尔广场维也纳博物馆

演员约瑟夫·莱温斯基肖像（1895）
维也纳，奥地利美景宫美术馆

在这种风格下，诞生了克里姆特最初的一些杰作，例如他在1895年画的《爱》和《演员约瑟夫·莱温斯基肖像》，这些作品也都是利用典型的二维装饰背景，来代替现实主义的刻画。此外，他的作品的画面构成还清晰地呈现出了留白和填充的精确平衡，由此打破了学究式的传统对称理念。克里姆特的作品中还出现了明显的金箔，这是一种被他用来发挥装饰和加强表达效果的"非颜料"，后来金箔几乎成了克里姆特的创作标记。尤其是《爱》，体现了一个对他而言十分熟悉的主题：受到来自人生当中的敌对力量威胁的热情。

这是一个后来在他的《贝多芬横饰带》中清晰重现的主题。在画面中央，是情人们温柔的拥抱，它被密集填充的颜料覆盖着，从玫瑰色开始，变成淡紫色，再变成棕褐色，在人物上方，一张又一张神情骇人的脸在空气中盘旋，这是在提醒着世人，危险总是埋伏在幸福的周围，因为幸福总是受时间、疾病和死亡的损害；还有玫瑰花，那些出现在

▲音乐与戏剧国际展览的海报（1892）

《弹钢琴的舒伯特Ⅰ》草图（1896）▶

《弹钢琴的舒伯特Ⅱ》草图（1899）

人物上方、画面边缘空白处和镀金表面的玫瑰花，它们在提醒着我们，对于爱情的激情是脆弱、易损、朝生暮死的，正如一朵花的一生。

克里姆特的艺术风格从"马卡特风格"到新式现代主义艺术风格的过渡，在他为尼古劳斯·冯·顿巴（Nicolaus von Dumba）作的画中充分地体现了出来，后者是一位爱好音乐的企业家，也是他文艺事业的资助者。其中克里姆特为尼古劳斯的音乐大厅画了两幅装饰门头的画，这座大厅位于现在的维也纳列支敦士登城市宫殿，不幸的是这两幅画连同他的其他作品都在1945年伊门多夫家族城堡的火灾中损坏了。不过，可以说《弹钢琴的舒伯特Ⅱ》才是最能够奠定克里姆特艺术地位的一幅画——他被熟知为维也纳伟大的现代艺术家。在《弹钢琴的舒伯特Ⅱ》的画面中，舒伯特坐在钢琴前，显得十分专注，并且似乎在

◀ 弹钢琴的舒伯特 II

（1898—1899）
全图，局部损坏

管风琴演奏家

（1885）
维也纳，奥地利
美景宫美术馆 ▼

从身旁的事物中获得灵感，尤其是从画面左侧那名外表神秘的女子身上，她的身影仿佛融入了灯光，从她身上我们可以辨认出玛丽·齐默尔曼的模样。玛丽是一名年轻且不起眼的维也纳女孩，克里姆特终其一生都和她保持着密不可分的联系，并和她有了两个孩子。《弹钢琴的舒伯特 II》取得了如此非凡的成功，以至于作家、文学批评家赫尔曼·巴尔（Hermann Bahr）将这幅画称作"对于生活的维也纳式感觉"。实际上，印象主义的画法着重突出了对已经失落的、充满神话色彩的时代的怀念和追忆，可是那些灯烛发出的萧索的光仿佛是在暗示着已经遗失的社会和谐，那艺术家和自由资产阶级之间的和谐，在这种和谐的大环境下，音乐家也能完美地融入其中。然而，在克里姆特的作品《音乐寓

言Ⅱ》中，那些前古典主义时期的古希腊神话又呈现在了画面中，这种带有历史意味的氛围是一种标志，使这幅画的气氛变得具有神话性且充满心理暗示。尽管就人物形象而言，那如照相一般的真实主义会令观众想起比利时画家费尔南德·赫诺普夫（Fernand Khnopff），但是画面背景却因为涡纹图案、总状花序形态的图案和各种抽象的图案而显得充满生机，这些装饰图案遵循着一些规则，而这些在以后都成了克里姆特艺术创作的原则。就算在《音乐寓言Ⅱ》这幅画里，他也没有受困于标题，而是画出了一种高深莫测的沉默感，一种几乎与狮身人面像庄严的神情互相交融的沉默感。画面左侧的女子形象，因为她身体所处的位置，以及面部轮廓中少女独有的甜美，令人想起收藏在维也纳艺术史博物馆中的《塔纳格拉女孩》。但是，这名少女眼中陌生而焦急的神采，表明克里姆特已经脱离了传统画派的画法。这幅画传达出了一种狄俄尼索斯式的音乐观，画中的女孩身子擦过了一种阿波罗的乐器——齐特拉琴，而在她的脚下雕刻着西勒诺斯的假面具，这是一个极富神话色彩的意象，在这个意象中，尼采看到了"自然和自然最强大的本能的产物"，同时，这个意象也暗示了对于音乐的陶醉和不理性。那座石刻的狮身人面像，保持着它作为古时人们的崇拜对象的端正和肃穆，将人类与动物之间发生变化的连续性具体化了。在狮身人面像

上图
音乐寓言Ⅰ（1895）
慕尼黑，新绘画陈列馆

下图
音乐寓言Ⅱ（1898）
已损坏

和西勒诺斯的假面具之间，有自然的本能的原型，而艺术则有着释放出这种本能的力量。总之，对克里姆特而言，音乐就是艺术，是能够唤醒隐藏在时间和文化的墓碑之下的本能的力量的艺术。狮身人面像冰冷的正脸，年轻女子如蛇一般柔软的身段，它们之间强烈的对比使得这幅画有了十分罕见的寓意，并且这个寓意非常具有表达力。克里姆特向来习惯于将自然主义而且几近真实的一些细节，同那些抽象的极具装饰性的元素混在一起，在虚空与盈满的和谐交替之间，他总是能够找到在他成熟时期创作的许多其他作品里也有的特点。

钢琴家约瑟夫·彭鲍尔肖像（1890）
因斯布鲁克，蒂洛尔州立博物馆

艺术人生——克里姆特 27

世纪末的维也纳：徘徊在纯粹视觉和精神分析之间

维也纳艺术史博物馆局部（约1900）

"奥地利的房屋风格是：不宜居住但是外形美观，奥匈帝国也是以同样的风格被建立起来。"以上是一则关于奥地利的著名评价，出自卡尔·克劳斯（Karl Kraus）——奥地利文化批评家、讽刺作家，当然，也是20世纪奥地利最伟大的作家之一，他在世纪之交时如此总结了维也纳的氛围。然而事实是，不同文化的碰撞（大部分是德国和匈牙利文化，但也有捷克、斯洛伐克、斯拉夫和意大利文化）使得哈布斯堡的首都（维也纳）变成了一个非凡的文化交融地，在这个交融地之中，许多各不相同的文化经验尝试和谐共存。可如果从奥地利执政者中央集权的意愿出发，其实是反对社会文化中过于明显的非同源性的。这种文化之间紧张形势的复杂性，在维也纳城市规划的转变中反映了出来。在1858—1888年，奥托王朝的城墙被拆除了，在城墙原址上修起了一条环形的林荫大道（戒指路），在这条大道上矗立着维也纳最重要的一些建筑物：维也纳国家歌剧院、议会大厦、沃蒂夫教堂、维也纳大学、维也纳市政厅，以及维也纳美术学院和一些大型的公共博物馆。最后，在1893年，奥托·瓦格纳（Otto Wagner）进行了一次新的城镇规划，并且主管了城市地铁网络的建造，这是一项为奥地利新艺术提供了不少辉煌范例的工程。在这样复杂而又充满了魅力的城市氛围下，1895年约瑟夫·布鲁尔（Josef Breuer）和弗洛伊德出版了《歇斯底里论文集》，在该书中，精神分析之父（弗洛伊德）奠定了深度心理学的基础。与此同时，物理学家和哲学家恩斯特·马赫（Ernst Mach）对知觉理论进行了革新，他在仅凭经验的情况下对"感觉"进行了分析；然而，作家阿图尔·施尼茨勒（Arthur Schnitzl）却借助弗洛伊德的理论，在大脑深处进行了一次痛苦的旅行。同样是在这样的社会形势下，还存在着哲学家奥托·魏宁格（Otto Weininger）的伪心理学的一些不当理论。1903年，23岁的奥托自杀了，他的关于人类性格的核心理论极具特色，他认为每个人的性格都兼具两种类型的素质：男性和女性，其中男性象征独立，有理性、有认知意识，而女性则代表不道德、单纯，沉溺于肉欲。我们还可以列举里尔克（Rilke）的神秘主义、特拉克尔（Trakl）的空想表现主义、霍夫曼斯塔尔（Hofmannsthal）的文雅颓废派。在音乐领域，维也纳也延续了戏剧中欧洲场景的主角们见过的悠久传统，这些戏剧出自安东·布鲁克纳（Anton Bruckner）、阿诺尔德·勋伯格（Arnold Schöenberg）、阿尔班·贝尔格（Alban Berg）和古斯塔夫·马勒（Gustav Mahler）之手。散布在环城大道区域内的咖啡馆，在维也纳文化环境的形成过程中扮演了不可或缺的角色，在格林斯坦咖啡馆里，诗人、剧作家赫尔曼·巴尔遇见了一些"维也纳年轻派"的年轻人，而在斯班咖啡馆中，他又同"维也纳分离派"的艺术家们聚在一起。对于艺术史的研究也获得了极大的推动，这尤其仰仗了阿洛依·里格尔（Alois Riegl）的方法，他将纯粹视觉的规律应用到了艺术史这一具体领域。阿洛依提出了"艺术意图"的原则，即创作要遵循艺术的本心，得益于这一原则的提出，我们不会再有机会谈起艺术的衰落时期，而转为讨论精神原则的多样性。一幅出自弗朗西斯科·朱塞佩（Francesco Giuseppe）的关于维也纳的绝妙壁画，被列入了20世纪最无与伦比的杰作之一。罗伯特·穆齐尔（Robert Musil）的《没有个性的人》，满怀痛苦和忧郁地描述了高雅文明的最后一线微光和最终的没落。

新城堡剧院，还被建筑工地的棚屋环绕着。

卡尔广场地铁站（1898）
奥托·瓦格纳
维也纳，卡尔广场维也纳博物馆

克里姆特的女模特、女性伴侣和爱人

当克里姆特在他的画室里工作时,他时常被裸体的女模特环绕着,雕塑艺术家奥古斯特·罗丹(Auguste Rodin)也有相同的工作环境。"克里姆特和罗丹",贝尔塔·赛普斯(Berta Szeps)在一本自传中叙述道,"他们坐在两个美丽非凡的女人身边,罗丹痴迷地盯着她们,克里姆特则是让这样的情形达到了一个最好的状态:两个女人,一个时髦并且拥有着少女的柔美,另一个身上散发着令人惊叹的魅力。"克里姆特和她们之间产生了一些亲密又复杂的联系,但这绝不仅是他的一时兴起,而是他必须要观察到他的模特们在生活环境中的日常行为,以便捕捉她们自然的工作神态,这与他的工作要求相符。有一些迹象表明,他们之间的这种微妙联系,很有可能发展成了真真正正的男女关系,尽管克里姆特没有与她们之中的任何一个人结婚,

古斯塔夫·克里姆特亲笔写给艾米丽·芙洛格的明信片(1908)

芙洛格三姐妹(艾米丽、海伦和保拉)和克里姆特,在阿特湖的一艘小船上。

但毫无疑问，克里姆特在她们眼中十分具有吸引力 [他也迷住了阿尔玛·马勒（Alma Mahler）]。克里姆特终其一生都没有结婚，但曾有过两段意义非凡的恋情，他用心经营了良久。第一段恋情是与艾米丽·芙洛格，是他弟弟恩斯特的遗孀的妹妹。艾米丽与两个姐姐小保拉和海伦一起，经营着玛瑞亚西佛斯特拉瑟街上的一间裁缝店，店名叫"芙洛格姐妹"，维也纳工坊全权负责了这间店铺的内部装饰设计，因此店铺最后的装潢非常契合维也纳分离派的精神。艾米丽收藏了大量的布料，以及产自东方和罗马尼亚的针织物，她也在设计师保罗·波烈（Paul Poiret）的帮助下，利用这些布料和针织物的图案进行她自己的服装设计。尽管她在克里姆特的人生中是一个十分重要的角色，但是在他写给她的信件中，却总是表现出一种冷淡和有所保留的态度，通常他只会告诉她自己所在的地方和健康状况。在克里姆特1902年为她画的肖像中，也能看出他的冷淡和疏离，在画中，克里姆特的注意力都集中在她那装饰繁复的衣服上了。在克里姆特与玛丽·齐默尔曼的那一段关系中，他倒显得更为热情一些，他在1898—1899年画了《弹钢琴的舒伯特》，或许我们能够从这幅画的画面左侧的女性形象中分辨出玛丽的模样，一个柔软浅淡得几乎消失的身影。

艾米丽·芙洛格（1891）

《少女》（玛丽·齐默尔曼）草图
（1893—1894）
布尔诺，摩拉维亚美术馆

◀ 茱蒂斯 I（1901）
局部
维也纳，奥地利美景宫美术馆

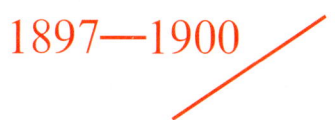

1897—1900

向分裂主义者转变时期

维也纳分离派

19世纪后半叶，奥地利的社会特征是坚持合理实行宪政，这一特征让这段时期成了奥地利民族历史上的特殊存在。当时的社会情况在政治上与自由主义思想紧密相连，这使得上层资产阶级和知识分子之间的关系变得异常坚固。那些自由资产阶级所提出的城市现代化进程的需要，正好与更加适应那个时代的文化环境所提出的需求是相同的。这样一来，1897年那些奥地利年轻的画家、雕塑家和建筑学家们，出于对包括形象艺术在内的现代艺术的强烈要求，开始反抗学院规则，反抗历史主义和他们的老师，他们脱离了主流的艺术协会，聚集到了分离派的旗帜之下。"分离派"这个名字来源于罗马史，"平民的分离（Secessio Plebis）"，意为平民自发远离城市以及要求拥有自治政府，以此来达到平民获得和贵族相同的权利的目的。从1892年慕尼黑分离派成立开始，"分离派"一词转为表示一部分艺术家为了革新艺术界而从主流艺术组织中脱离。

这些艺术家们形成的新团体，被命名为"奥地利象征艺术家联合会"，这个团体中聚集了奥托·瓦格纳、约瑟夫·玛利亚·奥布里希（Joseph Maria Olbrich）、约瑟夫·霍夫曼（Joseph Hoffmann）等建筑学家，古斯塔夫·克里姆特、卡尔·摩尔（Carl Moll）、科罗曼·莫塞尔（Koloman Moser）及阿尔弗莱德·罗勒（Alfred Roller）等画家，这些是整个奥地利最前卫也是最大胆的艺术家。这些分离派艺术家的艺术纲领主要基于两个核心点：在日常生活的方方面面普及全新的艺术敏感性；以开放的态度接受国外的新生事物。在一封寄给维也纳艺术家博物馆（一间属于维也纳艺术家的旧组织的展览馆）的信中，克里姆特解释了维也纳分离派的目的是"让维也纳的艺

艺术人生——克里姆特　33

维也纳分离派部分创办者合影（约1898），后排左起：约瑟夫·霍夫曼、卡尔·摩尔、克里姆特、阿尔弗莱德·罗勒、一位佚名艺术家、科罗曼·莫塞尔。

《青年》杂志的封面（1896）
奥托·艾克曼在慕尼黑创办该杂志。

维也纳分离派第七次画展海报（1900）
约瑟夫·玛利亚·奥申塔勒

术生活与国外的艺术演变之间产生充满生命力的联系；组织一些不是为了顺应市场的需求，而是纯粹艺术性的展览"。

这封信并非是一个新艺术派别的宣言，而是对于能够解决文化问题的最佳方法的需求，以及表明各个领域面向年轻人的开放态度，当时的年轻人常常被封闭和保守的社会环境所阻碍。此后，政府和皇帝都大力支持了分裂主义者们的诉求，在奥匈帝国的大地上，形成了一种新的，既能表现多样性，同时又能表现一致性的艺术风格，在这个形成过程中，政府和皇帝扮演了最为重要的角色。维也纳分离派获得的

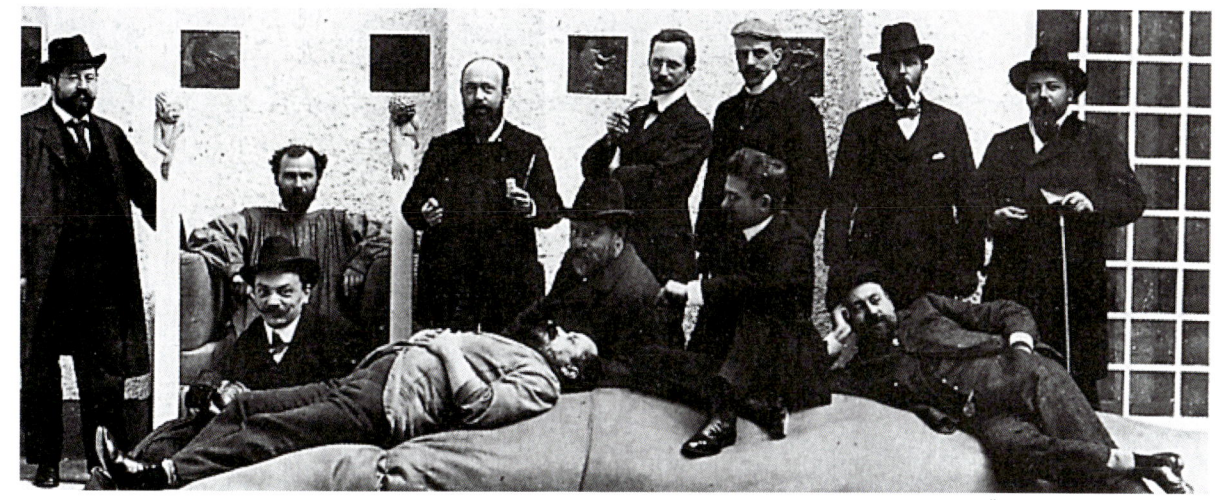

维也纳分离派部分成员合影（1902），第二排左起：安东·斯塔克、克里姆特、阿道夫·鲍姆、威廉·李斯特、马克西米利安·库兹威尔、利奥波德·斯托尔巴、鲁道夫·巴切尔；第一排：科罗曼·莫塞尔、马克西米利安·伦茨、恩斯特·斯托尔、埃米尔·奥里克、卡尔·摩尔。

维也纳分离派第十七次画展海报
（1903）
马克西米利安·库兹威尔

其他支持来自于戒指路上的思想开放的资产阶级，还有维也纳市长卢埃格尔，他害怕反对分离派会损害到他对维也纳的领导权。得益于这位市长先生，克里姆特和他的伙伴们拥有了自己的工作室，在巴洛克风格的圣卡罗教堂旁边，彼时奥托·瓦格纳正准备在那里修建一座地铁站，这也是他最负盛名的作品之一。修建这座地铁站是为了方便人们到达新的展览馆。展览馆在1898年落成，正好赶上了维也纳分离派的第二次艺术展。为了进行艺术交流和宣传，分离派也创办了一本杂志，叫作《神圣之春》（Ver Sacrum），在1898—1903年发行。这个名字又一次暗含了一段罗马史，它指的是将所有春天的物产都用来向天神献祭的风俗，否则家园将会有被外族入侵的危险，献祭之后，那些在神圣之春时节出生的人们会被要求离开所在的城市，他们出城之后会聚居形成一个新的群体，这个群体的责任是占卜预知将要发生的事情。因此，人们通过这段罗马史可以明白，维也纳分离派旨在对艺术进行坚决而彻底的革新；但是，在革新过程中也许会受到阻碍：漠不关心的态度，或者再坏一点的态度，传统虚无主义者的拒绝。如果说克里姆特和他的伙伴们走出父辈们标好的路，是出于对艺术的现代性和复兴的追求，而他们最终的目标却是被接纳入主流体制内，以及让他们的先锋作用在未来成为传统。就这个层面而言，《神圣之春》的宣言就显得既严谨、又稍显无力："在这本内容丰富的杂志里，我们史无前例地试图将奥地利呈现得如同一片艺术自由的土地。'神圣之春'是一种召唤，一种对大众的艺术观念的召唤，为的是发扬、促进和普及艺术的生命力和自主权。"克里姆特为《神圣之春》画了不计其数的插图和装饰画，尤其是在杂志的一周年纪念刊上，他的作品都是寓意画和简单但含义丰富的图案，这些作品里通常都没有那些出现在他的许多画作里的过多的装饰。

正如我们预见的一样，维也纳分离派也拥有了一座正式的展览馆，

《神圣之春》的日历页（1901）

《维也纳分离派会馆》草图（1897）
约瑟夫·玛利亚·奥布里希
维也纳，卡尔广场
维也纳博物馆

他们的展览馆明确脱离了其他奥地利艺术家的旧艺术协会。分离派的展览馆是一座奇特而美轮美奂的会

馆,由约瑟夫·玛利亚·奥布里希设计,在1898年落成,坐落于戒指路上。十年前,就在这条路上,奥布里希见证了学院派历史主义的盛大仪式。维也纳分离派第一次展览所得的收入为奥布里希提供了资金,而且关于展览馆的设计想法,他还与克里姆特进行了合作(尤其是关于戈尔贡三姐妹的头像、围着正门口的两面突出的墙和叶状装饰的设计,其中叶状装饰后来被奥布里希加以发挥,设计出了由无数片金色月桂叶组成的金属镂空球,作为会馆的圆顶)。在会馆正门的门楣上写着一句重要的分离派运动宣言,出自艺术评论家路德维希·希维西

维也纳分离派大厦入口处正面,局部。

维也纳分离派会馆入口处墙面上的石膏装饰,戈尔贡三姐妹的头像,分别象征着绘画、建筑和雕塑。

(Ludwig Hevesi)的"每个时代有它自己的艺术,艺术有它的自由",这句宣言中包含的是对艺术自主的要求,这一直非常符合分离派运动的特征(1938年,这段宣言被纳粹分子故意破坏了),而这种艺术自主的要求也很快就在1898—1905年的分离派艺术展中得以表达,这些艺术展令人印象深刻,难以忘怀,艺术家诸如勃克林(Böcklin)、霍德勒(Hodler)、蒙克(Munch)、图卢兹·罗特列克(Toulouse-Lautrec)、凡·高、奥古斯特·罗丹和乔凡尼·塞冈提尼(Giovanni Segantini)都是艺术展的常客。

这种艺术的自由还反映在分离派艺术家为首次展览所做的准备工作中。分离派第一次展览在Giardinaggio公司的展览馆里举行,此次展览的一大特征是采用了一套全新的展览方法:所有的作品按照各自的作者分组,并且被放置在与视线齐平的地方,这种安排与当时的其他艺术展览大不相同,那些艺术展览常常把所有展品摆放得毫无

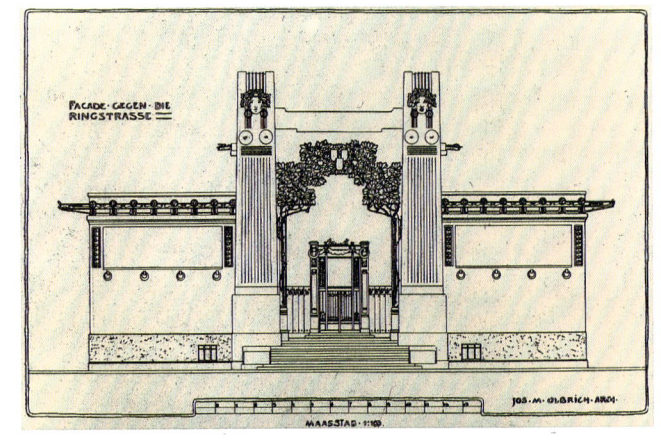

▲《维也纳分离派会馆正面》草图(1897)
约瑟夫·玛利亚·奥布里希

◀维也纳分离派第一次展览开幕式(1898)
鲁道夫·巴切尔
维也纳,卡尔广场维也纳博物馆

章法、混乱无序。分离派的这次展览吸引了超过 57,000 名参观者，最终取得了非凡的成功（售出了 218 幅作品）。分离派艺术家们的革新理念还体现在奥布里希的住宅的室内布置中，他的住宅内部布置不存在任何特定风格，但可以根据展览的需要进行相应的改变。此外，分离派艺术展览也是有史以来第一次，请一位建筑学家来负责每一次展览的前期准备工作，这种做法在当时是一种全新尝试，如今已经演变成一种普遍习惯。分离派向艺术展览活动传达了一个"Curatoriale（策展）"的概念，由此实现了艺术性选择和批判性选择之间，展品、装饰和空间之间高度的协调一致与和谐统一。

克里姆特毫无保留地投身于维也纳分离派，并且成了分离派组织的主席。分离派组织中聚集了那些热衷于唯美主义的时髦年轻人，"Die Jungen（青年）"，这些青年们从 1870 年开始在"维也纳艺术家协会"（Künstlergenossenschaft）内部进行他们的反抗活动，（Künstlergenossenschaft 是维也纳画家的官方协会，由尤金·费利克斯领导），他们还受到了比利时自然主义、英国拉斐尔前派画家和法国印象主义的启发。青年们的反抗活动是为了让分离派获得一个与传统艺术相比有足够分量的位置，这是一个尽管没有表现出革命式的激烈和理想的特点，却能够就在自己的位置上被历史的先驱者（野兽派、表现主义和立体派）逐渐点燃的行为。需要重申的是，向分裂主义者转变，在各个方面表达的都是一种革新的现象，尽管这种革新伴着创伤和疼痛，但这种转变绝不是指不留余地地对社会和历史进行分裂。

印有维也纳分离派会馆图案的明信片（1898）
约瑟夫·玛利亚·奥布里希

新艺术运动

新艺术运动是一种广泛而重要的艺术现象，它覆盖了从19世纪90年代，到第一次世界大战战后的整个时间段。新艺术运动主要涉及建筑和应用艺术领域，但是在绘画和雕塑方面也有十分显著的范例，这两方面的例子主要与象征主义风潮相关，代表人物有让·图洛普（Jan Toorop）、费尔南德·赫诺普夫、奥博利·比亚兹莱（Aubrey Beardsley）和古斯塔夫·克里姆特。与19世纪时以兼收并蓄的装饰为主要特点的传统艺术模仿风格相比，新艺术运动希望建立一种全新的、现代化及国际化的艺术语言，该运动的倡导者们追求的是直接从自然中获得创作原型，而不是一味地模仿传统作品。因此，新艺术运动倡导的是"生机论"，即在艺术创作中使用既是柔软的、富有生命力的，其中又蕴含着"鞭打"的力量的线条。符合"生机论"意义的典型代表是比利时建筑师亨利·凡·德·威尔德（Henry van de Velde）和维克多·霍塔（Victor Horta）的作品。根据威廉·莫里斯（William Morris）主导的英国工艺

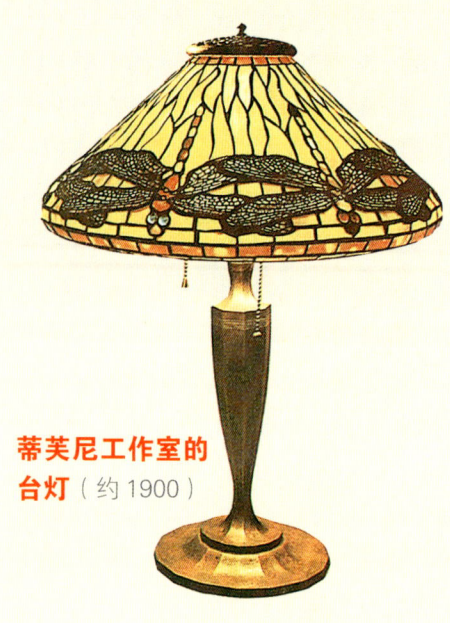

蒂芙尼工作室的台灯（约1900）

带有鱼图案的盘子（约1900）
伽利略·奇尼

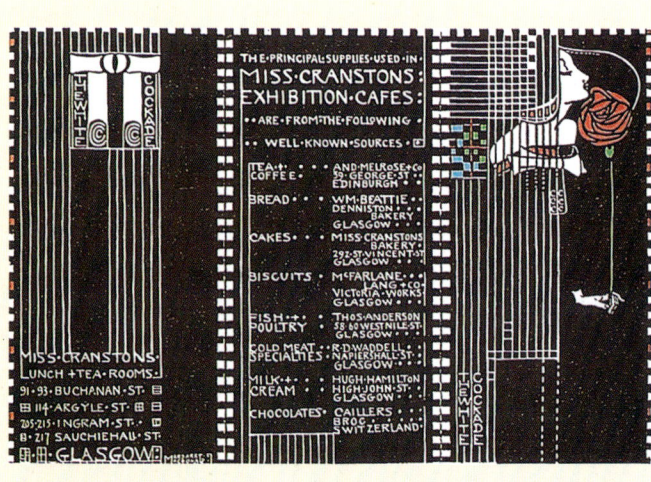

西餐厅的菜单（The White Cockade）（1901）
玛格丽特·麦克唐纳、
查尔斯·伦尼·麦金托什

◀ **威尔·布拉德利的书的封面**（约1893）

温泉浴场的瓷砖

（1910）▶

局部

伽利略·奇尼

美术运动的指引，新艺术运动也旨在革新工业线上生产出的日常用品，赋予它们新的价值，同时也让广大公众能够使用上高质量的产品，就像埃米尔·加莱（Emile Gallé）设计的琉璃花瓶、美国品牌蒂芙尼的钻石一样，这些都是以"设计"这一现代概念为基础的。革新还"新"在这些用品在装饰层面上的用途，它们的装饰作用首次被纳入了考虑范围内，并且考虑到个体之间的装饰性需要有机结合。在日常生活的审美范畴中，建筑物、装饰品、美术作品和家具，一起被当作了一个多样化的复杂整体，单独的个体与个体之间都互相关联。新艺术运动在旧大陆和新大陆上都得到了迅速而广泛的传播，而且在每个国家它们都有不同的名称和特点。"Art Nouveau（新艺术）"这一说法其实来自法国，在英国这个运动叫作"Modern Style（现代风格）"，在德国叫"Jugendstil（青年风格）"，在意大利叫"Liberty（自由风格）"，在奥地利，它几乎只被称作"Sezessionstil（分离派风格）"。

约瑟夫·霍夫曼的椅子（1905）

古斯塔夫·克里姆特工作室。

◀ 维也纳分离派第一次展览的海报（1898）

维也纳分离派第七次展览上的私人藏书票（约1900）▶

忒休斯和米诺陶诺斯

在分离派第一次画展中的那张有名的海报上，克里姆特把自己和同伴们都描绘成了强大的忒休斯的形象，在画面中忒休斯正将自己拿着武器的手刺入米诺陶诺斯的身体。这幅维也纳分离派的血腥象征画击中了传统艺术的心脏，但它没有获得奥地利艺术集团的官方批准，尤其是英雄忒休斯赤裸着身体，虽然在画中代表的是纯洁，但还是遭到了绘画审查机构的坚决反对。因此，克里姆特被迫用几笔树枝形的装饰遮挡住了忒休斯的生殖器官。在传统的艺术作品中，有数不胜数的英雄通常都是以不着寸缕的形象出现，因此克里姆特特意画了神话场景，以此来撼动他的同胞们内心对于传统艺术的笃定和乐观主义，但是最终却引起了传统主义者的反感。然而，再重申一次，克里姆特已表明了他的意愿是从根本上革新，绝不会对虚无主义和那些与他相悖的审美有半分的让步。总之，克里姆特是一位进步人士，但不是一位革命者。

相同的事情还发生在了《女神雅典娜》这幅画上。女神雅典娜，和平艺术的守护者，渴望自己事业出类拔萃的艺术家和手工艺从业者

女神雅典娜
（1898）
维也纳，卡尔广场维也纳博物馆

尤其喜欢向她祈求庇佑。在画中，充分描绘出了女神雅典娜所有的属性：左手拿着的长矛——显示了她在军事策略上的能力；护胸铁甲（称为宙斯的盾牌）的中间镶着珀尔修斯献上的美杜莎的头颅；右手托着象征胜利的尼姬，雅典人总是将其描绘得没有翅膀，这表示一旦胜利降临了雅典，就再也不会离开。有了以上所有的属性，雅典娜足以被视作分离派真正的"保护神"。

她的形象也出现在慕尼黑分离派的海报中[1893年，冯·斯托克（Von Stuck）创立]，还有康定斯基（Kandinskij）为"方阵"艺术家协会（1901年，康定斯基本人创建）而画的海报中。在克里姆特为维也纳分离派画的第一幅海报中，女神

女神雅典娜（1898）▶
局部
维也纳，卡尔广场维也纳博物馆

雅典娜出现在画面的右侧，此后，这个标志性的图案还出现在1900年的杂志《神圣之春》的封面上，并不断出现在维也纳分离派的海报中，一直到1924年。与传统艺术相比，克里姆特拥有的独特而真实的艺术自由是不同于寻常的绘画方法，他采用这种方法，在《女神雅典娜》中画出了胜利女神尼姬的小像：一名裸体的年轻女子，瘦长身形，红色头发，有着真真正正的"活雕塑"的模样。正是这种既有肉感又有神秘感的女性形象，在此后常常出现在克里姆特的代表作品中，在1899年两个版本的《真相》中，克里姆特又特意用了相同的女神尼姬的形象，这幅画寓意真理。在画中，女神尼姬姿态庄重，身处在一圈精美的铜画框之中（画框出自克里姆特的弟弟乔治之手），眼神径直望向看画的人，她带着这样的庄重姿态在后来又成了克里姆特许多画中的女主人公，例如在《医学》和《哲学》中，那两个神秘莫测的女性身影是她；在一些肖像画中，那些传世的资产阶级矜持的淑女形象也是她。在《女神雅典娜》中，雅典娜的肩上出现了几个黑色的、从雅典的一

蛇（1880）
马克斯·克林格尔
*《夏娃与未来》组画▼

◀**嫉妒**（1898）
*《神圣之春》插画

些器皿上采用来的图案，这些图案描绘了赫拉克勒斯与海之老人（Vecchio Del Mare）之间的打斗。在这幅画中克里姆特也选取了"屠妖英雄"的情节，这样的情节象征着该由分离派艺术家们来承担的——革新艺术的责任。正如前一年那幅画着忒休斯和米诺陶诺斯的海报一样，这一幅油画在维也纳分离派第二次画展上展出后，也在那些已经习惯于不甚热烈的神话场景的公众当中引起了消极的反应。实际上，克里姆特是在以一种显而易见的方式来请求女神雅典娜的庇护，同时他也呼吁，在当时的奥地利文化环境中，"现代风格"理应有一个合理的地位。

正如前文所提过的，《女神雅典娜》中胜利女神尼姬的那个小小形象，后来稍有改变，出现在另一幅精美绝伦的作品中，即《真相》。舍费尔（Schefer）说过，"真理是火，真理意味着发光和燃烧"，这句话出现在上一年的《神圣之春》的一页插图中，彼时已经被换成了一幅埃贡·席勒（Egon Schiele）的画，这幅画向公众的审美偏好发出了挑战，同时也强势地提出了对艺术自主的要求："如果你无法使你自己的成就和艺术取悦

真相（1898）
*《神圣之春》杂志插图

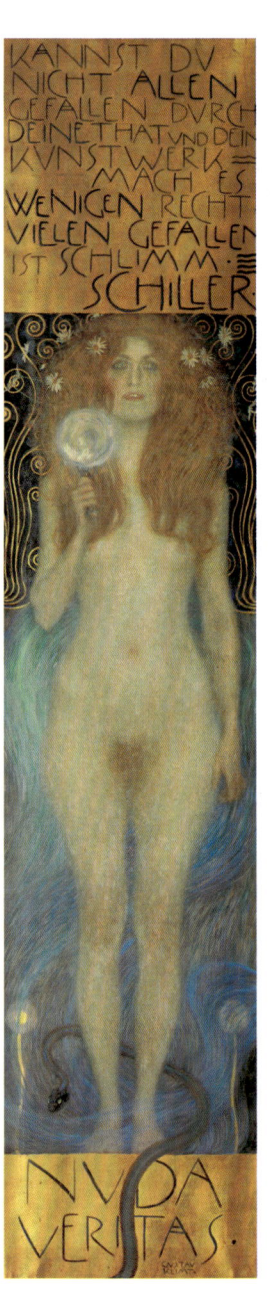

真相（1899）
全图和局部
维也纳，奥地利戏剧博物馆

大多数人,那么你应该满足于取悦少数人。取悦大多数的都是不好的。"克里姆特画《真相》是为了装饰文艺批评家赫尔曼·巴尔的书房,画中呈现出了一套完整的象征主义体系,这是通过艺术的手法认同了真理的存在。画面里,有着新式外形的女神手持着镜子,从镜子中似乎能够映出看画人赤裸裸的形象。一条蛇盘绕着她的双脚,这条蛇是智慧的标志,但同时也是色欲的象征。两簇花——两簇蒲公英,带着极富特色的轻盈而柔软的花冠,它们传达的寓意是新的艺术观点将会迅速传播到全世界。新式的艺术十分真实,因为赤裸,所以纯洁,它向时代展现出自己真实的模样,丝毫没有掩饰和伪装,它那自由的声音会像蒲公英的种子一样传播——带着风的速度。

在克里姆特1901年画的《茱蒂斯Ⅰ》中,那女子也有着与《真相》中的女神相同的姿态,大胆而挑逗。克里姆特画笔下的茱蒂斯,似梦似幻、撩拨人心、极富肉欲、冷酷无情,人们时常将这一形象与《莎乐

左图
罪(1893)
弗朗茨·冯·斯托克

右图
伊索尔德(1905)
费尔南德·赫诺普夫

▲ 艺术（1896）
费尔南德·赫诺普夫

美》混淆。后者是分离派关于女性完美形象的作品中最著名的画作之一。美丽而虔诚的茱蒂斯用美色诱惑了何乐弗尼将军，他是被古巴比伦国王尼布甲尼撒派来包围巴勒斯坦的彼都利亚城的，茱蒂斯趁何乐弗尼醉酒时砍下了他的头。这幅《茱蒂斯Ⅰ》被装饰以华丽的金箔（其实我们已经讲到了"金色时期"的开端），画面中的茱蒂斯的背景是自然风景，同样也以金箔做装饰，从风景的装饰中明显可以看出，克里姆特受到了迈锡尼几何装饰和德普伦墓地的影响，这些都在阿洛依·里格尔1893年写的文章《风格的问题》里有所叙述。茱蒂斯温柔的神色，以及脖子上戴着的似乎暗示着那位古巴比伦将军被砍了头的珍贵金项链，分散了我们的注意力，使我们忽视了画面右侧，这位女英雄紧紧拿着的何乐弗尼的头颅。画中的戏剧效果隐藏得如此深，甚至需要好长时间才能

美杜莎的血（约1895）
费尔南德·赫诺普夫

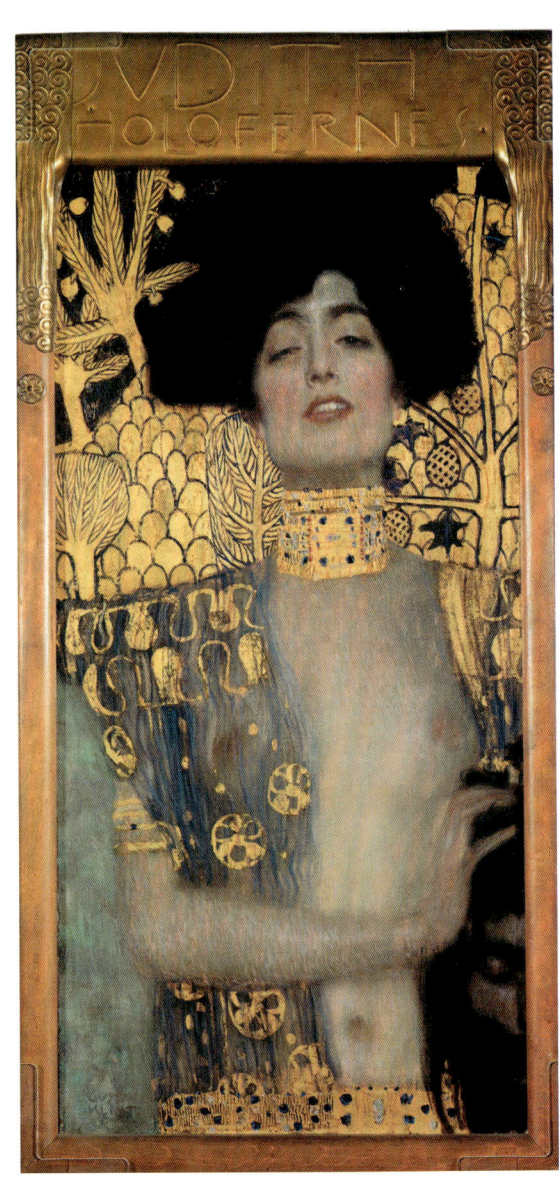

上图
吸血鬼（1893—1894）
爱德华·蒙克
奥斯陆，蒙克美术馆

下图
施洗约翰的头在显灵
（1876）
局部
居斯塔夫·莫罗
巴黎，罗浮宫

茱蒂斯 I（1901）
全图和局部
维也纳，奥地利美景宫美术馆

被发现，但当被发现时，它能够显示出十分的暴虐和残忍。

关于茱蒂斯，克里姆特8年之后的描绘变得非常不同，在《茱蒂斯Ⅱ》中，画幅的尺寸改变了，何乐弗尼的头颅也被表现得更加醒目。这第二位茱蒂斯锋利的嘴唇、大胆袒露的胸部和有力捏紧的双手，都淋漓尽致地刻画出了这个女人的冷酷无情和她复仇的愤怒。波提切利、乔尔乔内和阿特米希娅·津迪勒奇（Artemisia Gentileschi）的作品中已然预示了这样的绘画内容——美貌而残忍的女子诱惑然后杀死自己的情人，是19世纪末期象征主义艺术中名副其实的"陈词滥调"。关于残忍嗜血的女性形象，在爱德华·蒙克那幅题为《吸血鬼》的痛苦画作中，得到了深远的反响，而在居斯塔夫·莫罗的《莎乐美》中，色欲又一次成了人类残忍的助推力。但是，克里姆特将画面的象征意义和普通含义都转移到了一个更为精神层面的范围内，由此将看画者置于一种与女主人公的亲密情境中。如此一来，这悲剧就转移到人际关系和性生活的寻常范围中来了。有了更即时也更私人的意义。

茱蒂斯Ⅱ（1909）
全图和局部
威尼斯，佩萨罗宫国际现代艺术画廊

维也纳大学壁画丑闻事件

维也纳分离派前期的艺术特点是对传统艺术有所克制地进行反抗。就在这期间,发生了维也纳大学壁画丑闻事件。这件事要追溯到1894年,教育部委任弗朗茨·马奇和克里姆特去装饰维也纳大学大礼堂的天花板。这次任务预先选定的主题是光明对黑暗的胜利,但当克里姆特展示出他的第一幅壁画时,不仅是他的绘画风格,就连当时的政治形势都已经彻底改变了。在1897—1900年,奥匈帝国内部的民族问题不断加剧,直到政府的运转机制完全瘫痪,彼时整个社会又倒退回了独断专制和官僚主义的政治局面,越来越听不见文化界的需求,这与19世纪后半叶知识分子和国家之间相互协调关联的社会特点完全相悖。当时的帝国首相——埃内斯托·冯·克贝尔(Ernest von Koerber),试图发展出一种超越民族界限的政治,使得在政治和文化两个领域里,所有人都能获得共同的、高于任一宗派主义的利益。克贝尔把文化部交给了威廉·冯·哈特尔(Wilhelm von Hartel)执掌,威廉

古斯塔夫·克里姆特讽刺画——正在画布上重新画着他的《哲学》草图(约1902)
雷米吉乌斯·盖苓

克里姆特三幅作品的位置恢复原状(标红部分)。▶

是一位大学教授,也是艺术史学家弗朗茨·维克霍夫(Franz Wickoff)的朋友,克贝尔和威廉曾经共同负责中世纪手抄本《维也纳的起源》的出版发行,他们致力于重新肯定罗马基督教的重要意义。克贝尔想通过重新肯定奥匈帝国内的大学的价值,以及利用分离派遍及世界各地的特点,来保持艺术凌驾在民族纠纷之上的状态。因此,在1900年,当克里姆特展示出他的作品《哲学》时——这是他为维也纳大学画的三幅壁画中的第一幅——克贝尔捍卫了克里姆特的权益。这幅《哲学》的构思十分怪诞,运用了一种"Theatrum Mundi(世界剧场)"的概念——在世界剧场里不存在天堂和地狱的区别。画面中,苦难的人类扭曲旋转在一长列赤裸而忧伤的躯体之中,这些躯体漂浮在宇宙的真空里,黑暗里只浮现出斯芬克斯庄严的轮廓,正如维也纳分离派第七次画展的目录册里写的那样,"地球,宇宙的谜团。"画面中的斯芬克斯眼睛失明,她模糊不清的轮廓和一言不发的冷漠,似乎都在表明她既不可能意识到周围的事物,也不可能对在她面前发生的悲剧产生感

《哲学》草图(1899)
维也纳,卡尔广场维也纳博物馆

觉。在画面下方,有一个神秘莫测、披着黑色斗篷的女性形象,她象征着智慧,她仿佛在看着看画的人——用她那带着理性意识的先知的眼睛。

这样的一幅《哲学》,当然不是那些维也纳学究们想看到的光明战胜黑暗的画面,在他们的期待里,这应该是一幅画幅巨大的群体壁画,在画面中应该是过去的那些伟大的哲学家们齐聚一堂,从容思辨。然而,克里姆特对于人类对这个世界的理解能力没有任何信心:在他的画中,人类是一些——在难以获得理性的空间里——面对动荡毫无自卫能力的躯体。1900年春天,《哲学》

哲学（1900）
已损坏

在维也纳分离派的第七次画展上展出。同年3月24日，11位来自维也纳大学的传统艺术拥护者，联名向大学评议会呈递了一封反对《哲学》的请愿书，在请愿书中，他们表达了对于这幅画放置在维也纳大学大礼堂里的反对态度。这场本是在思想意识上的争论，后来变成了政治冲突。弗里德里希·约德尔（Friedrich Jodl），经验主义和进步主义哲学家，他领导了反对《哲学》的抗议行动，并且他把对这幅画的攻击上升到了哲学和美学层面："我们反对的既不是艺术作品里的裸体，也不是艺术的自由，而是艺术中的污秽和下流。"在另一封呈递给文化部的请愿书中，得到弗朗茨·维克霍夫支持的克里姆特的拥护者们，重新强调了心理主义对于历史主义提倡的绝对唯美主义的胜利，并且要求给予艺术一个新的空间，以便于获得新的感觉。不得不提的是，维克霍夫在他的讲座"什么是丑陋？"中，以一种更加挑衅的语气回应了对《哲学》的指责，该讲座在维也纳大学的哲学社举行。在他看来，对于克里姆特的指责——丑陋和下流，根本原因都是在于传统学究们拒绝认同克里姆特的作品里包含着的令人难受的真相——使《哲学》变成"对科学的深深敬意"的真相。面对这样混乱的挑衅，文化部部长威廉·冯·哈特尔决定不做任何决定，他推迟了对于克里姆特作品的评价，等待着看他的画被放置在它们既定的位置上。但是这场争论从学术界传到了新闻界，《德意志民众报》指责克里姆特和维克霍夫是"犹太教徒"，尽管他们两人中的任何一个都不是。然而，克里姆特的拥护者们也得到了始料未及的认同，这一重要认同来自于巴黎世博会，该届世博会授予了《哲学》最佳外国作品金奖。

克里姆特丝毫没有因为争议而退缩，1901年在维也纳分离派第十次画展上，他展出了为维也纳大学画的第二幅壁画——《医学》。在这幅画中，我们可以看见由赤裸的老人、孩子、女人和年轻男人组成的半睡半醒的人群，在太空中落寞地飘浮着，而死神身影阴暗，由黑色纱巾缠绕。在画面底层，有一位穿着华丽红衣，以金箔镶边的女祭司——海姬娜，她担任着这个她存在的"世界剧场"与看画者之间的通灵人的角色。海姬娜是一个典型的艺术创造形象，因为她以爬虫的形态在沼泽地里出生，手里拿着男性生殖器的象征和令人不安的蛇，意图向人们显示生死之界的不稳定。其实，在《医学》中克里姆特呈现的是永恒，以及生命从生到死的显然毫无意义的过渡。这一次，关于克里姆特的争论也立即到来了，带着一贯的激烈。权威的《医学周刊》指责克里姆特忽视了医学的两项主要效能：预防和治疗。而那些推崇公共道德的人们则是被那不计其数的裸体所触怒，尤其是画面右上方那个怀孕女子的裸体，

医学（1900）
已损坏

还有那个飘浮在画面左边的女子裸体——她竟敢厚颜无耻地对着公众露出私处。奥匈帝国的检察官要求没收出现在杂志《神圣之春》里的绘画的图纸，并且销毁市面上发行的所有的《神圣之春》。但是，维也纳法庭驳回了上述要求，驳回的理由如下："（检察官）所述事件涉及的是面向公众的艺术作品的草图，这些草图被转载在某个奥地利画家协会的一本杂志上，但是这本杂志首先是针对艺术家们发行的——对于这些草图的转载，载体是一本由艺术家创办、面向艺术家发行的杂志，因此它具有专业性杂志的特点，不能被视作有失体统而因此判定它不宜出版。"文化部部长威廉·冯·哈特尔，就从国家层面买下《医学》的想法向众议院询问，他给出了一个非常慎重的说法：既避免了表现出对维也纳分离派过度的支持，又明确表示不顾公众喜好去扶持某个特定的艺术流派而不是什么别的流派，这绝不是文化部的任务。冯·哈特尔宣称，"这些艺术流派，不会从受到外部或是人工干预的作品里诞生或者消失，它们是持续演变的结果，是虽然被限制但是却笃定的演变，来自于一个国家的精神生活的深刻变化。"至于克里姆特，面对所有的这些争论，他表现出了一种故作姿态的无所谓。

《医学》草图（1901）
维也纳，阿尔贝提纳博物馆

《医学》粗稿（1897—1898）▶
局部

维也纳分离派第十三次画展海报（1902）
科罗曼·莫塞尔

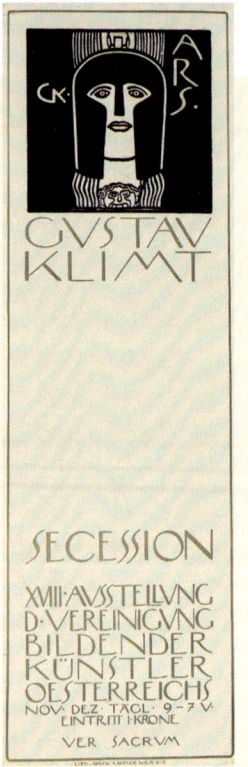

维也纳分离派第十八次画展海报（1903）

现代派和分离派

所谓的现代派，其实指的是对革新形象艺术的强烈要求，19世纪与20世纪之交，形象艺术在欧洲传播开来。作为英国艺术家和作家威廉·莫里斯的艺术空想的继承者，现代派艺术家希望能够移除那道把主流艺术和应用艺术阻隔开、把艺术家和手工艺从业者阻隔开的坚固障碍。但与移除艺术家和手工艺从业者之间的障碍相悖的是，现代派艺术家支持越来越大规模、越来越迅速的工业化，工业化通过新的技术手段广为传播，其目的是通过使艺术制品的生产线机械化，以此来提高批量生产的产品质量，让这些产品能为更多阶层的人所用。对于工业化的发展有信心、面对丰富而清晰的装饰主义的趋势有一致的态度，这两点让现代派迅猛地脱离了学院派艺术，因此，在欧洲中部的一些国家里出现了分离派的现象。"分离派"这一名称是从罗马史中的一个词演变而来，即"平民的分离（Secessio Plebis）"。在古罗马历史上，有两次难忘的极为重要的平民分离事件，第一次分离事件发生在公元前494年，平民阶层——古罗马全体居民的一部分，他们从属于古罗马贵族阶层，但却不能享有和贵族阶层相同的权利，他们在圣山上自立门户，建立了他们自己的政治体制。第二次分离事件发生在公元前471年，在埃文廷山上，这一次事件比第一次更为重大，最后的结果是古罗马贵族阶层在许多方面的重大让步。在19世纪后半叶，"分离派"一词指的是一类艺术运动的派别，这一类艺术派别意欲反抗学院派和主流艺术，它与同时期的新艺术运动有着紧密联系，"分离主义者"这个说法也表现出了"青年风格"的重要意义。

慕尼黑分离派，于1892年由象征主义艺术家弗朗茨·冯·斯托克创立，它对许多艺术家产生了深刻影响，例如瓦西里·康定斯基和克里姆特。1898年，柏林分离派成立了，由画家马克思·利伯曼（Max Liebermann）领导，他也是德国印象派艺术的领头人。在柏林分离派成立5年之后，维也纳分离派也成立了。

维也纳分离派第十四次画展海报（1902）
阿尔弗莱德·罗勒

《医学》粗稿
（1897—1898）
局部

不和谐之声：赫尔曼·巴尔

在关于克里姆特为维也纳大学画的壁画的一片激烈争论声中，克里姆特也有少数的拥护者，其中就有文学批评家、小说家、喜剧作家和杂文作家赫尔曼·巴尔（1863—1934）。1901年3月，巴尔为克里姆特辩解，做了一次慷慨激昂的演说，当证实了奥地利艺术的复兴之后，他在演说中断言道："我们应该把这次艺术发展的成果归功于参与其中的人数很少，一共只有十二个人。他们当中没有人必须要待在家里，没有人和这个艺术活动有实质上的利益关联……尽管如此，如果有人还是留下了，那是因为他被一种严峻的责任感，一种珍贵而高尚的爱国情操所鼓舞。然而，因为他们中的一些人，从知识分子的层面来说，缺乏自我调解的能力，当这些人意识到对自己来说没有进行艺术创作的可能时，那种严峻的责任感就再也找不到任何存在的理由。也就是说，他们有权利离开这个组织，去寻找一个更好的归属地。"在那些对于现代性有着这种相同感觉的知识分子当中，显然还能找到其他的巴尔。当时社会上有形形色色的精神思潮，巴尔提前从中辨别出了许多对19世纪末期的文学、戏剧和形象艺术有推动作用的思潮。由于他精神上和知识上都参与了对现代性的支持（实际上他也是印象主义的捍卫者），所以被分离派艺术家邀请来合作管理杂志《神圣之春》。巴尔对该杂志的第一个贡献已然清晰："您把我们的读者都包裹在了奥地利的美好之中！您做了许多伟大的事情，但人们期待着您能做一些更伟大的事情，现在就开始吧！不要迟疑！行动吧！"正如巴尔的自我定位，他是一个"属于后天的人"，他对邓南遮、梅特林克（Maeterlinck）和克里姆特的作品传播做出了贡献。1903年，巴尔为克里姆特编辑出版了文集《反克里姆特》。这本书收录了一些批评、激烈批评、抨击克里姆特的文章，这些文章由于它们的激烈和愚钝，反倒可以说对克里姆特有利。1922年，巴尔又负责了克里姆特的一本画集的出版工作，一共印刷了50册。在这本画册的序言里，巴尔描述了克里姆特对于绘画艺术的娴熟技艺："他的手变成了一根魔杖，他让自己的魔术杖轻缓地滑行在宇宙的轨道上，直到魔术杖向他显现出宇宙里隐藏着的颤动着的存在。"其实，克里姆特的艺术与巴尔的批判现实主义是相符的，后者是以一个原则为基础建立的，该原则是对现代人类而言除了势在必行的事情之外别无其他：这最大程度地发扬了人对外界影响的感知度，或者用巴尔自己的话说，"从头发到脚趾都敏锐"，实际上，在现实背后还隐藏着只有艺术才能揭露的真相。正是克里姆特的艺术深刻地体现了以上这种思想。而这一点在1903年出版的一部文献里有过明确表示："宇宙呈现出的形象是暂时的，这对奥地利艺术家来说，各方面都确定无疑；而对于我们众所周知的空虚无聊，这种展现在我们眼前的令人钦慕的思想深度，从巴洛克时期开始，就从来没有人做得比克里姆特更好。对克里姆特而言，地球上什么也没有它是如此的毫无意义，在地球上他看不见开阔的天幕；尽管问题都是真实的，但他却不能单纯从表面上解决任何问题。"

《医学》在维也纳分离派第十次画展的主展厅里展出(1901)。

在《维也纳晨报》的一篇访问里,克里姆特肯定地说道:"一旦完成了一幅画,我不愿意再花费整月整月的时间,去向人群解释我的这幅画。对我来说重要的不是有多少人喜欢我的画,而是谁喜欢。"关于克里姆特,各个传统组织的反应和公众的意见都冷却了,但维也纳美术学院的教授们仍然拒绝认可克里姆特,同年末,美术学院的全体讲课老师向文化部提出了(反对克里姆特的)要求,但被驳回了。另一方面,弗里德里希·约德尔刚刚获得了美学讲课老师的职位,他从这一层面强调道,过去的艺术,对于艺术家和评论家来说,其重要性堪比学校,因此,他们拒绝接受现代派艺术家们所表达的主观和自由。对于反对克里姆特的人而言,这是一声胜利的呐喊,由此在克里姆特和传统组织之间划开了一条不可逾越的鸿沟。从那以后,克里姆特并没有表现出明显的愤怒,他有了一种沉默自省的姿态,有时会以讽喻的方式表达愤怒,但更多时候是缄默地隐藏在自己艺术的象牙塔里。

◀ **金鱼**（1901—1902）
局部
索洛图恩艺术博物馆，
杜比-米勒基金会

1901—1907
金色时期

法学

在《哲学》和《医学》中，克里姆特演绎的是既定的主题（"光明对黑暗的胜利"），他演绎的方式是否定人类对自己具备理性能力的信心——面对着实证主义的随波逐流和当时的自由资产阶级时期的理性能力。但是，这幅《法学》才是壁画丑闻里真正的重头戏。事实上，在《法学》里并没有表现出庆祝某个重要社会机构的胜利，而是毫无回旋余地地呈现了一种盲目而残酷的力量，这种力量无情地展现在了神情麻木的法官们面前。《法学》的第一幅粗稿可以追溯到1898年，在画面中，正义女神化出人类的肉身，她的斗篷在风里翻飞，用剑击打着邪恶的吸血鬼。订这幅画的人们都极不满意，他们原本想要的是"画面中心人物表现出更明显的特征……以寻常的色调描摹出的更为平静从容的形象，以及对于画面下半部的极易察觉到的空洞感的改良"。然而，对于这些要求，克里姆特充满讽刺意味地回应了他们另一幅《法学》，以此嘲讽了那些批评他的人。由于使用了透视画法，画面第一层在视觉上大大缩短了，内容极其写实，克里姆特在那里画了一个完全赤裸的老人，比起危险的罪犯，老人更像是一个可怜的受害者。此外，克里姆特还将粗稿中的风改成了令人压抑的凝结的静态，最后他用一个令人怜悯的刑罚场景填补了画面的空白，那酷刑正在野蛮地吞噬掉那个老人。这幅《法学》里没有宇宙的虚无感和无限空间感，而这些恰好就是《哲学》和《医学》的特点，这是一个极为重要的风格差异，这一差异让这幅《法学》成了克里姆特艺术生涯第三个时期的

女人头像（1899）
费尔南德·赫诺普夫

《法学》草图（1903）

开山之作，这一时期的风格就是所谓的"金色风格"。《法学》的画面设计效果极其没有立体感，几乎让人有幽闭恐惧的感觉，这样的设计无疑增强了画面的二维感，突出了整体的装饰价值。整个画面明确地分为了两个部分，上面部分被一些抽象的、极为扁平的装饰占据了，其中有三个身影尤为明显，那是正义的三个化身：真理女神、正义女神和法律女神。她们仿佛置身于完美的世界当中，不可侵犯、远离尘世。三位女神站在画中一个水平的物体上，它象征着地脊的一部分。地脊下方是法官们死气沉沉、面无表情的头颅。在画面下方展现着刑罚真真正正的场面，世纪末颓废派的三个美艳的蛇发裸女，她们那交缠卷曲的头发令人想起让·图洛普笔下的人物形象风格，她们冷漠无情地操控着猛烈的刑罚。那个毫无防卫能力的老人痛苦地承受着这些酷刑，他被一只巨大而骇人的章鱼缠绕着，几乎被其吞噬，章鱼的触手像复仇

法学（1903）
已损坏

女神的头发一样波浪似的飘浮着。但是这个老人究竟犯了多么严重的罪行，才必须承受如此暴虐的惩罚？答案也许在敌意里——在公众和艺术评论文章面对克里姆特为维也纳大学画的前两幅画时所带的敌意里。在那个屈服在刑罚之下的老人身上，我们也能看到克里姆特自身的形象，他被公众的不理解和他自己的订画人的拒绝重重打击了。"通过重复的暗示"，克里姆特解释道，"文化部让我明白我已经处在一个尴尬的境地。但是对于一名艺术家，从更崇高的意义上来说，没有比创造作品更为艰辛的事情，因为他们必须从订画者处获得报酬，尽管这些订画者并不是真心和理性地给予他们充分的支持。"因此，克里姆特感觉自己在遭受着残酷的审判，而且不得上诉。也许，在克里姆特的画中，章鱼那杀死了受害者的致命"拥抱"也反映出了他自己的无力感，于是就有了这幅《法学》中不得体的悲伤主义，《法学》也是他的最后一项面向公众的任务（此后他再没有收到过其他的官方订画的任务）。他的悲伤主义或许就是因为被公众拒绝而产生的，无论如何《法学》中传达出的消极思想显然与前两幅作品不一致。如果说在前两幅作品中的画面设计效果是：画面消融在模糊的宇宙里，宇宙中的距离在无尽地消逝；而在《法学》里我们看到的则是：所有形象都被困在一个巨大的镶嵌工艺品里，任何想逃出这

圣母玛利亚
（1893—1894）
爱德华·蒙克
挪威奥斯陆，蒙克美术馆

美人鱼（1899）
维也纳，中央储蓄银行

个平面的做法都是徒劳。在《医学》和《哲学》中,肉体的现实主义和人物形象的人体造型,都发挥着充分表达思想的作用。但是,在《法学》中,所有人物好像都被画中波浪一般浮游的物体冻住了,但是他们的剪影都镶嵌在这幅伟大的绘画珍品里。如果与《神学》相比的话,这幅《法学》应该会显得更加不和谐,《神学》的绘画方式更加朦胧和灿烂,大体上是汉斯·马卡特的风格,这幅画的作者是克里姆特的朋友弗朗茨·马奇。

公众的反响十分强烈。作家卡尔·克劳斯,曾经也极其顽固,他后来说对于克里姆特而言,"法学的概念已经在罪行和惩罚的概念之中被耗尽了。"1904年,权威人士们开始发声阻止《法学》和《希望》在圣路易斯世博会上展出,关于克里姆特没有被任命为维也纳美术学院教授一事,这次的世博会又一次施加了压力,而克里姆特的应对方式把这件事情推向了高潮。1905年4月3日在一封呈递给教育部的信中,已经决定了要放弃这次任命的克里姆特,自己主动提出要从奥地利官方那里买回自己所有的画。"我受够了那些审查机构",后来他在一次采访中说,"现在我要自己做主,我要自由地创作,我要把自己从这些妨碍和阻止我画画的愚蠢言行中解脱出来。"在他的艺术资助者奥古斯特·莱德勒(August Lederer)的帮助下,他得以买回了自己的画。但是这些画经过多次周折以后,在第二次世界大战结束时被藏在了伊门多夫城堡里,这是弗罗伊登塔尔家族的房产,在捷克边境附近。这个城堡的塔楼后来发生了火灾,极有可能是因为逃跑中的德国士兵纵火。正是由于这场火灾,克里姆特的画连同另外10幅归莱德勒家族所有的画,都被彻底烧毁了,其中还有那幅著名的《开花的苹果树》。

这场火灾酿成奥地利艺术遗产极为惨重的损失,然而,这次损失并不妨碍我们把维也纳大学那三幅壁画当作克里姆特的艺术创作巅峰之作,甚至可以说是他最为重要的作品。关于那三幅画还留下了不计其数的设计图纸和一些翻版,不幸的是,这些图纸和翻版都是黑白的。唯一一幅彩色的画是《医学》的一幅细节图,它让我们能对原作品的丰富色彩略作想象。

绘有蛇图案的瓷瓶
(约 1896—1898)
伽利略·奇尼

克里姆特与意大利

1903年,克里姆特去了两次意大利,他无法抗拒地被拉文纳的拜占庭马赛克装饰夺目的光彩吸引了。一些玻璃镶嵌品和拉文纳大师们所用的材料的光彩有细微的相似之处——在克里姆特的画里,尤其是那些他在所谓的"金色时期"画的画,常常喜欢重复这些细微的相似处。后来,克里姆特对于带着丰富装饰层的几何形图案的品位在意大利得到了极大的赏识,并且影响了许多与"青年风格"相关的艺术家,例如伽利略·奇尼(Galileo Chini)、普林尼奥·诺梅利尼(Plinio Nomellini)、维托里奥·赞科情(Vittorio Zecchin)。克里姆特作品的名声通过杂志和一些展览的风潮传到了意大利,主要展览有:1899年双年展、1908年罗马国际展会(克里姆特获得金奖)、1910年威尼斯双年展(展出了22幅克里姆特的画)、1911年罗马世博会(克里姆特再次拔得头筹,他的《女人的三个阶段》被国家现代艺术画廊买下)。在那些最为遵循克里姆特绘画范本的艺术家中,值得一提的是佛罗伦萨画家伽利略·奇尼,生于1873年,卒于1976年。伽利略受过画家培训,1896年他凭借自己的手工制品"陶瓷的艺术"获得了艺术创造上的名声。"陶瓷的艺术"遵照了"青年风格"的风格,革新了意大利的陶瓷制品。1914年,伽利略结束在思雅幕的旅行返

永远新鲜的春天(1914)
伽利略·奇尼

回意大利,并完成了18幅壁画,用于威尼斯双年展的展厅,该展厅是用来展出斯拉夫雕塑家伊凡·梅斯特罗维奇(Ivan Mestrovic)的作品的。

这一时期是伽利略的艺术风格最接近克里姆特的时期,就像《永远新鲜的春天》里展现的那样。《永远新鲜的春天》是1914年伽利略为蒙特卡蒂尼画的一幅画,画中他将奥地利的象征主义折叠至只起到充分装饰的作用,僵硬化了象征主义的结构,并且放大了象征主义的装饰作用直至达到最佳观赏效果。

贝多芬（1902）
马克斯·克林格尔
莱比锡，美术博物馆

正在雕刻《贝多芬》的马克斯·克林格尔（1902）。

贝多芬横饰带

1901—1909年是克里姆特的艺术完全成熟的时期。在这一作品高产的时期——如前文所述，这一时期通常被称为"金色时期"。克里姆特的代表作是《贝多芬横饰带》，因为这幅画，他为奥地利青年风格最值得纪念的成就之一做出了贡献。维也纳分离派原本决定了要向德国艺术家马克斯·克林格尔（Max Klinger）恢宏的大理石雕塑作品致以崇高的敬意——雕塑呈现的是荣耀地坐在宝座上的贝多芬。有人提议将这件买来的雕塑放置在维也纳市政府里，后来这个想法被否定了。为了更好地安置这座花费了克林格尔将近17年的宏伟的雕塑，人们想到了用一些其他艺术家的作品对维也纳分离派会馆的展览馆（在此举行了分离派第十四次画展）进行布置，这得到了画家阿尔弗莱德·罗勒的配合，并且还伴有古斯塔夫·马勒的演奏，音乐让参观者们对即将要参观的主要展品有所准备。在这些次要的画里，最重要的——可以展现该展览核心内容的作品，正好是克里姆特的《贝多芬横饰带》。这幅画中呈现的是一个凶猛的骑士（在他身上也许刻画出了克里姆特自己的肖像）通过诗歌来指引人类克服尘世生活的痛苦，在深情的怀抱里获得幸福。

《贝多芬横饰带》长24米，灵感来源是贝多芬的《第九交响曲》最后的合唱部分。和与他同时代的很多人一样，克里姆特也有着一般维也纳人对音乐的狂热喜爱。与音乐有关的主题出现在他的许许多多作品中，从位于布加勒斯特的罗马尼亚国家大剧院的《管风琴演奏家》（1885），到《钢琴家约瑟夫·彭鲍尔肖像》（1890）；从《音乐寓言Ⅰ》（1895），到位于维也纳顿巴宫的《弹钢琴的舒伯特》（1898—1899）。在展览会的目录册里，克里姆特简要地解释了一下《贝多芬横饰带》的画面内容："首先能看到的是入口正对面的一面很长的墙——象征着对幸福的渴望。画面中有脆弱的人类所遭受的苦难；人类对外界力量的祈祷；怜悯和骄傲等内心的力量使那个健壮的武装骑士为了人类的幸福而进行战斗。那一面窄小的墙——象征着敌对力量。画面中有身形巨大的特瑞法力斯，甚至连诸

《贝多芬横饰带——人类向健壮的武装骑士祈祷》草图（1902）

黄金骑士（1903）
名古屋，爱知县美术馆

天神与他对战都是徒劳；特瑞法力斯的三个女儿：疾病、疯癫、死亡，即蛇发女妖；还有淫荡、下流、纵欲、懒惰，对人性的渴望和追求在她们的上方飞翔着。第二面很长的墙——对幸福的渴望在诗歌中获得平静。艺术作品会以向我们呈现出理想的境界而告终，在其中我们能找到纯粹的喜悦、纯净的幸福和纯洁的爱。这就是天堂的天使们的合唱：'喜悦，是神灵非凡的火花''这个吻给全世界'。"在《贝多芬横饰带》的第一部分，呈现的是对幸福的渴望，脆弱而毫无防御能力的人类祈求着有能力的人的干预，通过那些怜悯和骄傲的善意力量的帮助，他们就能够让自己活得幸福。在画面下一部分画着特瑞法力斯，他是一个半猴半蛇的怪物，甚至连诸天神在他面前都会颤抖，他是"敌对力量"这一部分中最骇人的邪恶化身，敌对力量也由特瑞法力斯的三个女儿得以体现，即戈尔贡三姐妹（疾病、疯癫和死亡）；此外，还有另外三个人物形象得以体现（懒惰、淫荡和纵欲），她们妨碍人类获得喜悦并且把人类领向死亡。在这部分对面的墙上画的是"对幸福的渴望在

诗歌中获得平静"，它展现出了人类的愿望是怎样的，这些愿望飞翔在宇宙上方，它们能够借助艺术的力量被带到一个理想的世界，在那个世界里满是喜悦、和平与纯净的爱。最后那个在一个母亲似的框架里的拥抱象征着幸福，这是一种纯净的英雄主义。那棵诗歌树其实有着子宫的外观，它是一个保护罩，容纳了这对恋人生殖器的结合体，那是男人与女人的要素的完美合并。因此可以看出，克里姆特解放绘画天性的结果是纯洁的肉欲（对人性的渴望和追求），并且这种纯洁的肉欲

贝多芬横饰带——人类向健壮的武装骑士祈祷
（1902）
局部
维也纳，分离派会馆

贝多芬横饰带——健壮的武装骑士
（1902）▶
局部
维也纳，分离派会馆

贝多芬横饰带——对方力量的敌意（1902，图中是淫荡、下流、纵欲和身躯庞大的特瑞法力斯）
全图和局部
维也纳，分离派会馆

就像理想和现实之间模棱两可的象征性的边界，处在一种现实和抽象、二维和自然主义、无序和几何学的连续演替中。这幅画最终就这样通过规划好的交替过程，在填充和留白之间行进着，就好像在模拟一首乐曲的变奏一样。在画面的最后一部分，人物形象的安排和重复出现也有利于达到体现特别强烈的交响乐效果的目的。总而言之，克里姆特利用形象和色彩创造了和音乐的概念一致的美术作品，最终的效果既有节奏上的轻奏、缓奏，也有表

1903 年的克里姆特。

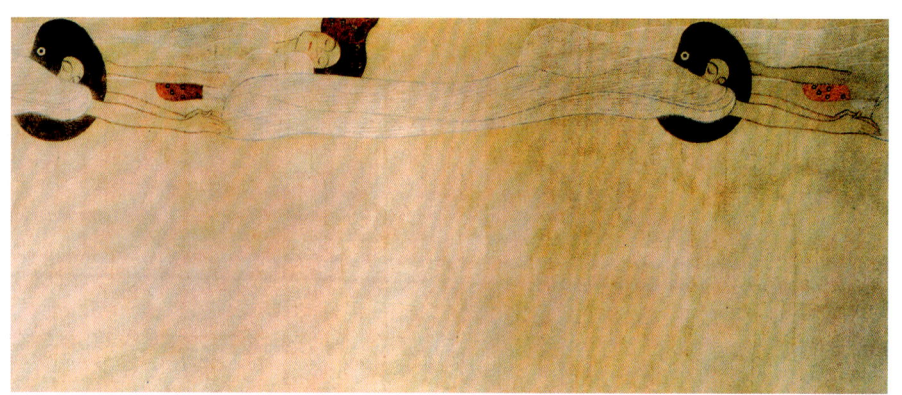

贝多芬横饰带——对人性的渴望飞走了（1902）
维也纳，分离派会馆

达上的突然爆发，将乐曲音调变得更强。

克里姆特在这幅《贝多芬横饰带》中达到了绘画价值和装饰价值的平衡，把它们结合在了一个具有极大统一性和连贯性的整体中。历史学家弗里茨·诺沃提尼（Fritz Novotny）记述道，"躯体、图案和生动音符的排列能够完美地将音乐和绘画融合。"关于画面描绘的主题，我们应该注意到的是对悲观主义（为维也纳大学画的壁画中呈现的悲观主义）的克服。画中的骑士，他身上体现的是人类对于幸福的渴望，他必须战胜那些阻止他到达"乌托邦"的邪恶力量，只有战胜了邪恶，他才能够在开满了鲜花的童话花园里，用爱人的拥抱来给自己梦寐以求的幸福戴上花冠。这幅画里人们可以理解到克里姆特赋予女性肉体

《贝多芬横饰带——对人性的渴望飞走了》草图（1902）

的双重含义：戈尔贡三姐妹的形象体现出的是邪恶和分裂（这是整个构图的焦点）；那些有着天使和诗歌一般嗓音的女子形象表现的是安宁和慰藉。但是这样的双重含义中没有任何虚假的道德主义，强烈的肉欲既散发自代表邪恶和分裂的女人，也出现在象征安宁和慰藉的女人身上，这使得其中所有的女性形象都

贝多芬横饰带——对方力量的敌意（1902，图中是疾病、疯癫、死亡和三个蛇发妖女）
局部
维也纳，分离派会馆

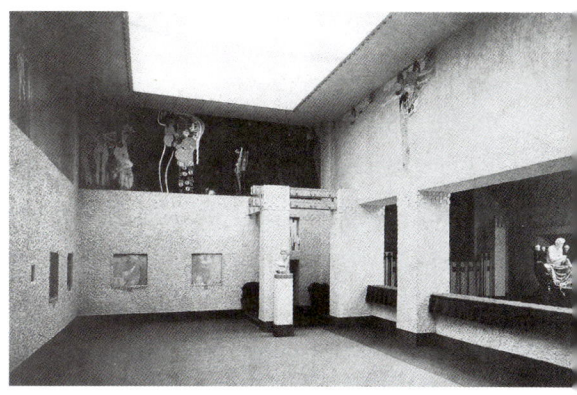

维也纳分离派第十四次画展 A 展厅；墙面上方是《贝多芬横饰带》，旁边展厅里展出着马克斯·克林格尔的雕塑作品《贝多芬》（1902）。

能免于罪恶感。由于画中对于艺术力量的隐喻，以及对向更高精神境界行进的人类的艰辛跋涉的隐喻，《贝多芬横饰带》很快取得了巨大的成功，同时也引来了数不胜数的批判。《国防日报》的一篇评论文章报导道："《贝多芬横饰带》上画的那些女人可以进入人们见过的最邪恶的女人之列。我推断克里姆特将这些邪恶女人画出来是为了捉弄我们大家。"事实上，不仅因为画中一些女性形象的赤裸和恶意，还因为她们清晰展现的肉欲内涵，公众的道德观受到了冲击，直到最后他们开始用粗俗的挖苦来嘲讽克里姆特。一名新闻记者指责道："克里姆特又一次完成了一幅作品，在这幅作品的高度上只有三个人：一个医生和两个护士。"而且卡尔·兰茨科隆斯基（Karl Lanckoronski）伯爵，著名

贝多芬横饰带——欢乐颂（1902）
维也纳，分离派会馆

的古艺术品收藏家，他逛展览似乎也逛得很气愤，每走一步都叫嚷着"糟透了！"

《贝多芬横饰带》是用一些保存时间很短的材料来完成的，一层敷在篱笆上的灰泥层，再加上酪蛋白颜料和一些复合材料（镜子、彩色玻璃、纽扣和不太贵重的首饰）。实际上这幅画已经被预料到在展览期间就会被毁坏，幸好富有的工业家卡尔·赖宁豪斯（Carl Reininghaus）一时兴起决定要买下它，随后卡尔把它保存在他家的一间地下室里，保存了许多年。在这间地下室里，《贝多芬横饰带》受到湿气侵蚀，最终由于有轨电车导致的地面震动而破损。直到1970年，那一年针对这幅画有一项极其困难的修复工作，这次修复使得它又获得了被放置在维也纳分离派会馆里面的机会。它现在被展出在一间半地下室里，这间半地下室在面积上与它最初被放置的大厅相符。在克里姆特为维也纳大学画的三幅壁画被损毁之后，这幅《贝多芬横饰带》可以被看作是时至今日克里姆特幸存下来的作品中最重要的一幅，也是兼具尺寸和设计远见上的特点、要素的一幅，这些特点和要素在对克里姆特的研究中是必不可少的。

贝多芬横饰带——
健壮士兵与象征
歌的女子的拥
（1902）▶
维也纳，分离派会

寓意画

20世纪最初的10年,克里姆特的艺术杰作层出不穷。我们只需要想想那些寓意画——《茱蒂斯》《吻》《金鱼》《水蛇》和《希望》,这些画或许代表了今天克里姆特最受赞赏的作品。这些画的主题都是克里姆特从受教育时期开始探索过的,这些主题在画中体现了它们最丰富的内涵。这一时期克里姆特画中的女性形象被诠释得愈加富有肉欲感(参考《金鱼》),而且克里姆特式的、诱人又无情的"蛇蝎美人"模型,也以完美的方式体现在了《茱蒂斯Ⅰ》和《茱蒂斯Ⅱ》中;这一时期克里姆特对于二维装饰画(直至拜占庭风格之前,这是效益最高的画)的才能也在一些苍白、神秘的画作中达到了顶峰,例如《水蛇》。

《金鱼》于1904年在德累斯顿的展览上第一次公开出现,这一亮相引起了艺术界权威人士的剧烈反响,他们十分担忧,想避免让萨克森王国的王子看见这幅《金鱼》,于是这些权威人士强令克里姆特撤走这幅画。克里姆特气愤至极,他向友人们表达了想给这幅画换一个名字的想法,他想把那个只稍微带些隐喻的名字改成《致我的诽谤者们》,

左图
《金鱼》草图
(1902)

右图
讽刺画——人们看见《金鱼》的反应(1904)
贝托尔德·洛夫勒、
阿帕戈·萨塔纳斯

金鱼
(1901—1902)
索洛图恩
艺术博物馆,
杜比-米勒基金会

这个名字的想法是依据了某一个水神雄辩时的姿态。但是克里姆特的朋友们劝阻了他,让他放弃这个无礼的想法。克里姆特重新选用了一个主题,他在五年前的那幅《银鱼》里曾经采用过这个主题,在那幅画里他描绘出了水中的"小精灵",这些小精灵们将人类拖到湖底然后偷走他们的灵魂。有关美人鱼的画——那种一半是鱼一半是女人的奇妙生物,她们的歌声可以迷惑水手,把他们的船引去触礁,让他们淹死在礁石之间——美人鱼的形象极其符合克里姆特对于女人特征的观念:

穿着工作服的古斯塔夫·克里姆特(约1912)
埃贡·利奥·阿道夫·席勒

温柔娇媚,心似魔鬼。《金鱼》中那些美丽至极的少女,她们有着火一般颜色的头发,用狡黠而又有些许嘲弄的眼神盯着我们,她们的身体在水中摇晃着,头发呈现出蜿蜒卷曲的弧度。在克里姆特关于"介于人类与动物中间的变形"的想法中,自然与女人的特征达到了和谐。克里姆特的想法是:这些诱人的肢体白皙而柔软,随着海水的温柔拍打而风情万种地晃动着,消除了有机和无机、动物和植物、气生和水生之间的所有界限。为了暗示观众画面中的构思——人类身体、海洋动物、头发和植物元素的上升气流,这幅画标准的长方形规格也起了作用,这一规格极有可能是对日本书画刻印作品的纪念,克里姆特和其他不计其数的象征主义画家都喜欢这种书画刻印作品。《金鱼》是一幅象征主义、如梦如幻、极富肉欲的作品。通常克里姆特在画与水相关的图案时,都会多次重新采用水神和美人鱼的主题,例如在《鱼血》(1898)中(这是杂志《神圣之春》的一幅绚丽插画),画面中鱼血留下的痕迹仿佛产生了一大群波动着的象牙色躯体。

在《水蛇Ⅰ》(1904—1907)中,克里姆特将之前画的《金鱼》中扰乱人心的魅力表达成了一个珍贵的缩影,这个缩影将原本人类的外形转变成了植物的图案。画中的人像仿佛是从一匹旧锦缎上裁剪下来的,她们包裹在一块毯子里的身躯滑动着,这块毯子上的图案错综复杂,是由装饰性的鱼鳞、植物的触手和金色的小树枝编织而成,这些材料都

左图
平静的大海
(1887)
局部
阿诺德·勃克林
伯尔尼,美术馆

右图
《美人鱼》(特里同和涅瑞伊得斯)(1895)
马克斯·克林格尔
佛罗伦萨,罗马别墅

水蛇 I(1904—1907)
维也纳,奥地利美景宫美术馆

与这个水下环境有着标志性的关联。

对于《水蛇 II》(这幅画也被称作《朋友》,同样也完成于1904—1907),克里姆特保留了画幅长方形的规格,但他把画面改成了水平构图。《水蛇 II》中,年轻女人们的身体在滑动着,一个在另一个之上,但彼此之间没有摩擦,她们像五彩花海里的海藻,彩色的鲜花相互交织、源源不断。在这个大海的世界里,一切都是盈满的,但是又异常的流通,在这里支配所有行为的是"无条件放弃原则",对于这个原则,同时期的奥地利心理学家西格蒙德·弗洛伊德后来给它命名为"快乐原则"。然而,这些在空间中飘荡着、几乎像是在飞的没有重量的躯体,通常代表的是已经死亡的精神或灵魂。人类触碰到的终极是爱与死亡、性欲与死欲、繁殖与毁灭。他们的终极都是如此:《流动的水》(1898)中被水流冲走的美丽少女,《哲学》(1899—1907)中那一长列人类躯体,《死者的游行》(1903)中那瘦削灵魂的行列。要再强调的是,该为这不相协调的象征意义负责的,是画中的女性形象,所谓不协调的象征,是指带有矛盾思想的寓意画——思想矛盾却恰好总是能在女性躯体中找到新颖含义的寓意画。

那幅"丑闻画"《希望 I》也同样属于寓意画这一类。在《希望 I》中,克里姆特描绘了艺术史上极为

艺术人生——克里姆特 87

鱼血（1898）

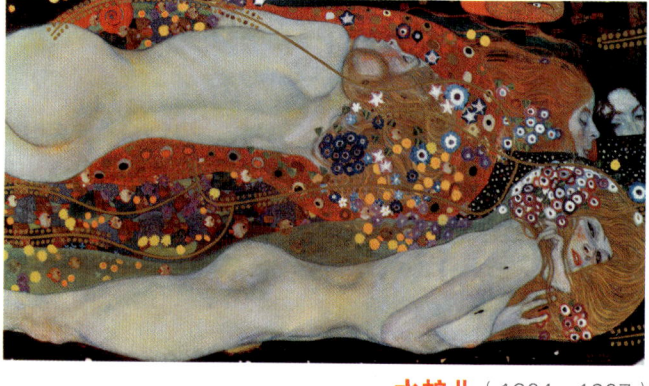

水蛇Ⅱ（1904—1907）
全图和局部

不平常的一个主题——怀孕，而且他将（怀孕）这件事变成了一个隐喻，即所有危险在婴儿仍在母亲腹中受到保护时，就已经在等待着他了。画中那位年轻母亲毫不遮掩地展示出的裸体，极大地震惊了当时的社会。后来，教育部部长威廉·冯·哈特尔劝阻克里姆特在 1903 年的个人画展上展出这幅《希望Ⅰ》，这幅画的主人，是拥有着许多其他的现代主义重要作品的分离派拥护者瓦多夫（Wärndorfer），两扇紧闭的大门保护它不被那些粗鲁的目光审视。艺术批评家路德维希·希维西是这样描述《希望Ⅰ》的："那一晚，我们聚在一起欣赏了很久瓦多夫先生收藏的那些艺术作品。在上方有一幅尺寸很大的画，被两扇门严严实实地遮盖着。这就是那幅著名的，或者说声名狼藉的，出自克里姆特

流动的水（1898）

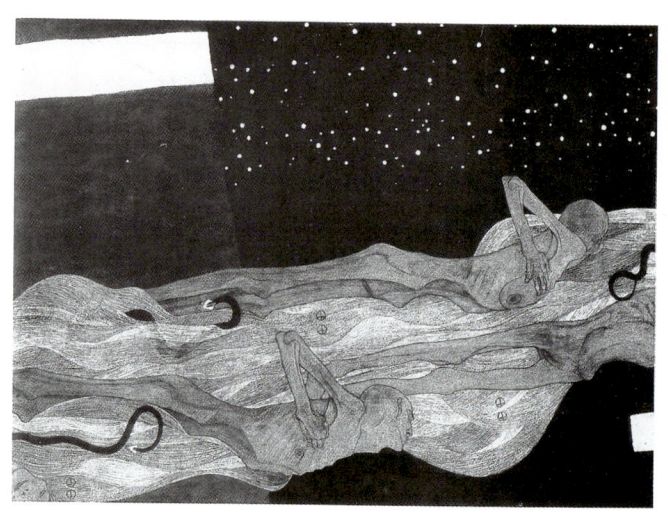

死者的游行（1903）
已损坏

的《希望》，即那个站在前方的、竟然敢被克里姆特画得一丝不挂的年轻孕妇。这是克里姆特的杰作之一，可是在两年前克里姆特的个人画展上没能被展出，一位高层权威人士阻止了他。现在，这幅画在瓦多夫先生家中的一间密室里。"那个以极其现实主义的手法画出的裸体，和那些敌对力量的新的物化形象（表现在那一连串可怕的、以詹姆斯·恩索尔的风格做了表现主义变形的脸上）之间的对比，反映出了自然主义和抽象化之间一贯的划分，这种划分经常被克里姆特用来从理想主义象征中区分出现实的形象。《希望Ⅰ》中，那位女模特身材的曲线，通过侧面像的描绘得以突出，这蛇一般的曲线为这幅作品增添了优雅和富有装饰性的意趣，这种意趣被那些围绕着女模特的装饰元素强化了（也被女模特自身的象征主义表现力所强化），所谓的装饰元素包括尖尖的三角形的百合花，以及由彩色圆盘串连起来的珍贵的金色花卉。上文提到的裸体和物化形象之间的对比是一种几何上的对比，这种对比表现出了克里姆特的许多画的寓意特征，这建立在男性和女性的区别画法上，这种画法旨在让作品能够在对自身产生象征意义的紧急追寻和增加的过程中，获得更加普遍的价值（精神和物质，积极主动和消极被动），也可以这么说，这是自

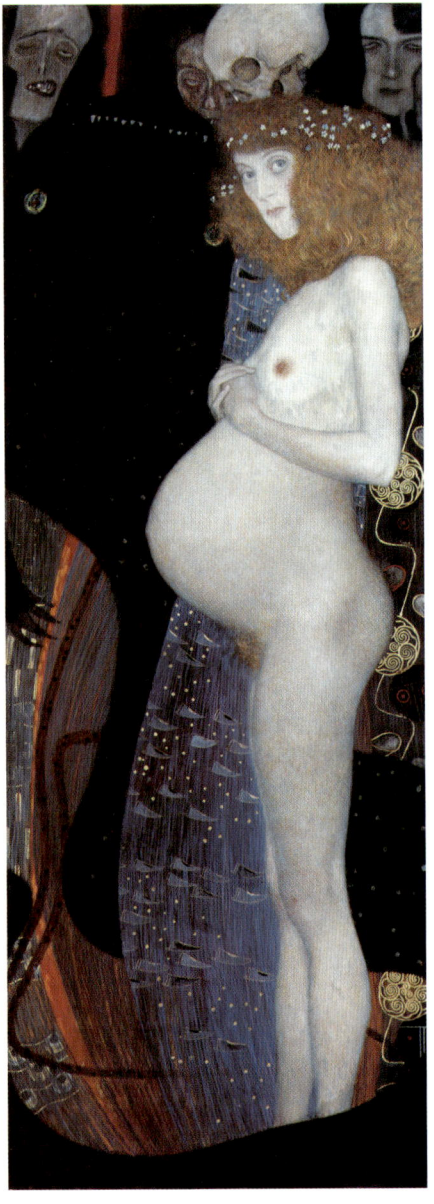

希望Ⅰ（1903）
全图和局部
渥太华，加拿大国家美术馆

发的。

后来克里姆特又画了一幅画，将与《希望Ⅰ》相同的主题扩展到了第二个版本，即《希望Ⅱ》（1907—1908），从内容的角度来看，这第二幅"希望"的最终呈现并不如第一幅尖锐透彻，但两者之间有着极大的一致的形式上的连贯性。由于一个重要的构图变化，画中的女人不再直接看着观众，而是把目光转向下，眼神专注于她那等待降生的孩子，而她心里其实已经知道了这个未出世的孩子的命运。

但是毋庸置疑，《吻》才是克里姆特这一时期最为著名的作品。《吻》中具有大量的装饰，这些装饰在关于金箔的抽象概念中，使得所有作品的组成元素都超脱了现实，爱人的脸庞与爱情给予的狂喜紧连在一起出现。男性的元素（黑色的长方形）和女性的元素（彩色的螺旋形图案和圆圈）在一个长方形的蝶蛹中连接了起来，而且男人和女人的身体也融合在了有且仅有一个的、无上美丽的形象中。难计其数的复制品使得这幅《吻》变得极其流行，已经成了全世界皆知的作品之一，而且还有一些铅版印刷的复

▲希望Ⅱ（1907—1908）
材料：油、黄金和铂金
规格：110.5厘米×110.5厘米
纽约，现代艺术博物馆

◀吻（1897）
爱德华·蒙克
奥斯陆，蒙克美术馆

制品，这是我们集体的想象。就《吻》而言，是在"金色时期"最为成熟的那一阶段完成的，这无疑是克里

姆特最成功的画作之一。在这幅画中,克里姆特实现了男人的世界和女人的世界之间的完全融合。当然,那些点缀了男人披风的长方形的小图案,还有那些在女人衣服上的圆形图案,两者明显表现出了并列的关系,但是,这对恋人之间的和谐融洽已经在牢牢包围着他们的"罩"中达成并得以呈现。一个保护茧,容纳着生命的两个主要繁育者,或者更直接地说,这令人想起了《贝多芬横饰带》的最后一个主题。《吻》中的女人被描绘出的姿态是跪在男人的脚上,为了体现出这个姿态,克里姆特不得不把男人的脚那一部分处理得模糊不清,这个处理十分简

吻(1907—1908)
维也纳,奥地利美景宫美术馆

单，只需要让男人的披风垂到华丽的地毯上。画中的男人把年轻女人揽在他的手臂之间，以此来表现自己的力量；他没有露出自己的脸，而是为女人的脸留出了空间，女人的脸上表现出十足的青春美丽。那些金箔做的三角形脱离了女人的衣服，朝着画面下方伸展，它们仿佛是生命的根源，从男人坚定的力量中获得它们的生命力，而男人的身体也因为这些生命力而闪耀着太阳一般的光辉。在瑞士苏黎世美术馆展出之后，这幅《吻》在1908年被州立美术馆买下。克里姆特对爱侣的幸福场景的描绘在他的作品中出现得十分频繁，而且这种幸福场景通常都会表现得与危险相关，是那种来自外界而且威胁着画中情侣的危险。上述这种场景也出现在他画的那幅充满年轻气息的《爱》(1895)中，画面中两个相爱的人被一些带着恶毒冷笑的脸窥探着。不同的是，在《斯托克雷特横饰带》(1905—1909)中那对恋人的拥抱，如同《吻》中的场景一样，两个年轻人仿佛被庇护着，免受阴暗的外界威胁的干扰。《斯托克雷特横饰带》中，两个年轻人身体上的结合由于金箔的绚丽

《达娜厄》草图
(1907)

闪耀而变成了精神上的融合，那些金箔象征着一种对理想纯净的改观。不知为什么，在人们普遍看来，画中的肉欲在那些理想化的图案中转变为了它自身的反面，图案在爱神厄洛斯的附近，是克里姆特的这幅作品下侧的连续装饰。与克林格尔作品的强烈和浪漫、蒙克作品的戏剧性和神秘感相反，克里姆特的《吻》不仅坚持呈现了恋人生活中的情欲和心情激动的方面，还特意突出了画面因为他们的结合而产生的生命力。

在这个意义上，《吻》可以算是贴近克里姆特的另一幅极为著名的作品中的大胆的情欲画面，这幅画就是《达娜厄》(1907—1908)。克里姆特常常被对爱神厄洛斯的描绘

所推动，直到探索到被当时社会所禁止的爱与享乐。最初的这种表现之一体现在《萨福》(1888—1889)中，这幅画完成的时候还仍然是历史主义时期，但是克里姆特在1916年重新选用了这个主题，在同样的隐喻已经出现在《水蛇Ⅱ》里之后，他画了富有表现力的《女朋友们》。另外一幅充满了强烈肉欲的画是《莉达》(1917，现已损坏)，在这幅画中宙斯化身天鹅出现在一个女人身旁。在《达娜厄》中，克里姆特似乎采用了一些过去的同题材知名作品中的构图形式，例如提香(1545)和柯勒乔(Correggio)(1530)的作品，这两位是挣脱了道德主义偏见约束的艺术自由的典型代表。达娜厄是阿尔戈斯王的女儿、珀尔修斯的母亲和宙斯的情人，宙斯为了得到她，化身成了金色的雨。在克里姆特的描绘中，达娜厄沉浸在睡梦之中几乎忘了她自己。而实际上

达娜厄（1907—1908）

艺术人生——克里姆特　95

只有这样的描绘,才能完全复原她未被意识到的性感,并且暗示出她伟大的生育能力。这是克里姆特第一次在一幅寓意画中放弃了垂直的构图形式,而是将绘画的重点集中在画面中间的形象上,突出了达娜厄红润的身体蜷曲的形态,她的身体被一块有着东方特色的纱巾稍稍盖着,纱巾上装饰着金色图案。一个黑色的长方形(象征着男性起源)在画面的左下方,被淹没在金色的圆形图案里,这个长方形提醒了我们,克里姆特通常都会采用方形的元素来作为男性的标志。这个顺畅的、构图组成中缺少困难成分的画面展开,暗示了从克里姆特的角度来说,这幅画呈现了完全的情欲性质,丝毫没有经常呈现在他作品中的对立冲突。达娜厄的身体中胎儿的位置,以及她熟睡的脸庞上的纯净无邪,共同表明了达娜厄的身份——年纪在成年人和孩子之间,这调和了在重回子宫的幻想中的矛盾的性别取向。这幅《达娜厄》给了埃贡·席勒灵感,他在 1909 年画了一幅著名的画,在这幅画中,达娜厄身体的位置翻转了。后来(就像一个奇特的镜子游戏似的),从席

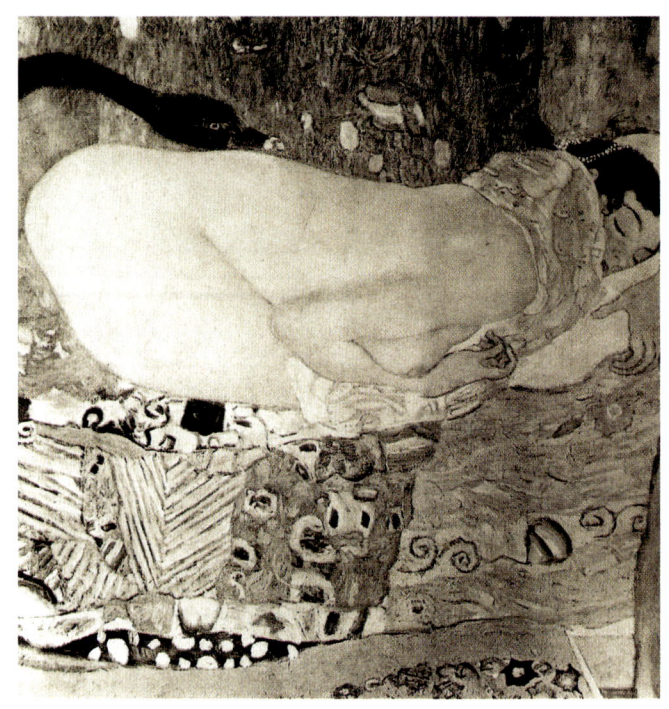

▲莉达(1917)
已损坏

达娜厄(1909)
埃贡·席勒▼

勒的这幅《达娜厄》中,克里姆特得到了《莉达》(1917)中莉达的身体位置的提示。

克里姆特和情欲：绘画

克里姆特那4 000幅保存至今的画作代表了他所有作品中最可观的一个部分，也包括了他的作品中那总是被毫无保留地赞美的那一部分。甚至在第二次世界大战时期，人们也为他举行了一个大型的画展。在雕刻作品中，克里姆特其实抛弃了他在许多绘画作品里的冰冷和坚硬，因此经他雕刻的线条更加自由和流畅，就像他那不计其数的情欲画所表现出的那样。克里姆特的笔能捉住那些专注的女模特们最隐秘的情欲幻想，或者让她们安宁地沉睡在情欲的梦境之中，他那独到的线条可以揭露出女模特们最为私密的愿望。少女们的身体都是被孤立隔绝的，她们的衣服都隐去了，而与此同时她们赤裸的身体都展露了出来。在情欲画中，克里姆特像置身于一个游戏中，他研究"爱的艺术"的不同变化，正因如此，他获得了"情欲画家"的名声，能与他竞争这个称号的，只有后来的埃贡·席勒。克里姆特利用画画来不断地刺激自己获得灵感，由于这个原因，我们能在绘画全集里找到他的为数众多的作品，不过如果不考虑女模特的位置和描绘的角度，这些作品一幅与另一幅之间的区别极小。这些作品中的许多（据一些人说有数千幅）后来都被克里姆特亲自销毁了。直到1901年，克里姆特开始使用斜阴影的绘画方法，画出的成果接近印象派。由于他1909年的巴黎旅行，以及对于"金色风格"的逐渐放弃，克里姆特的绘画道路发生了意义重大的变化。现在他倾向于减少线条的使用，同时增加振动结构和磨损痕迹

双腿叉开坐着的女人（1916—1917）

的使用。这也就是说，他表现出了一种被定义为"新巴洛克"的绘画趋势，这种风格在于一种新的表现光线的方法。在新的表现方法下，画中线条仿佛在晃动，并且吸收了更多的光亮，与此同时，曲线的走向也没有失去它在准确定义人物上的重要性。

克里姆特与应用艺术

克里姆特的工作罩衫,藏于维也纳,卡尔广场维也纳博物馆。

艾米丽·芙洛格,穿着古斯塔夫·克里姆特设计的衣服(1907)。

自克里姆特在维也纳艺术工商学校接受教育的那一刻起,他就与应用艺术的世界尤其靠近了,维也纳艺术工商学校附属于奥地利艺术工艺博物馆,在艺术与手工艺的综合利用上处于先锋地位。克里姆特在作品中也充分注意到了手工艺方面,主要与镶嵌工艺和复合材料添加有关。他的画的画框就涉及了木工手艺和十分讲究的凿刻术的参与,其中有一些以金属悬浮细工的手艺做成的画框,是由他的弟弟乔治制作的。当时的许多象征主义艺术家共有的一个特点,就是对于现实的每一层面的审美都表现出明确的意愿。因此,我们也不必惊讶于克里姆特与许多应用艺术界的代表人物都结下了友谊,比如约瑟夫·霍夫曼和科罗曼·莫塞尔。克里姆特为维也纳工坊创作了《斯托克雷特横饰带》,这幅画在一块大理石和花岗石的精美马赛克上完成。

就算在私生活中,克里姆特也不会忽视室内陈设和服饰的细节。实际上,他亲自设计了自己工作时穿的短袖束腰长衣,希腊化的式样带着几何图案装饰,他还为自己的红颜知己艾米丽·芙洛格制作了一些首饰和精美的衣服。"他们共同的特点",保罗·波多盖希(Paolo Portoghesi)写道,"就是高要求的生活,带有明显几何图案的女上衣,一系列设计在裙边和袖边的褶边装饰,以此来突显出三角形图案的装饰作用。"这些衣服其中之一——1907年制成的一件"音乐会礼服",看上去似乎是消除了肢体的重量,将女性的身体抛了上去,这样的设计使得身体的活动都在上半身进行,这件衣服恰恰也是设计成了充满活力的三角形样式。然而,弗雷德里克·玛利亚·比尔(Friederike Maria Beer)的外表却显得比较内敛,她在1916年的一幅肖像画中穿着一件维也纳工坊制造的衣服,在这幅画像中,克里姆特对于衣服的注意力达到了极致,甚至克里姆特还让她披上了自己的羊毛披风。克里姆特深信"人生中没有任何领域的艺术努力是没有意义的,也没有任何领域会过于狭小而不能给艺术热忱提供空间。"因此,这个说法逻辑上的结论就是"就算是不太引人注意的物品,如果用完美的方法去呈现,我们同样也能为这片土地增添美丽,做出贡献。"

艾米丽·芙洛格,在阿特湖边,穿着古斯塔夫·克里姆特设计的衣服(1910)。

艾米丽·芙洛格,1910年摄于她的裁缝店内。

风景画

在1900—1916年，克里姆特常常与他的红颜知己艾米丽·芙洛格一起，在萨尔茨堡东边的阿特湖旁度过暑假。阿特湖的风景是他最喜爱的景致之一，因为这里的风景让他可以再画关于水的主题，这一主题时常出现在他的人物画中。这些风景画总共加起来不超过50幅，但却十分打动人，因为它们有着极其接近自然的景色。画中所有的景致都在画面第一层，由此产生了一种强烈的画面破碎感。在画中最远的景物和最近的景物的焦点是相同的，也就是说在画中没有令人印象深刻的大气效果，也没有受到印象主义的影响。传统风景画的细分顺序被克里姆特颠覆了：地平线高出了地面许多，根据莫奈晚年时开创的绘画方法，被描绘的植物和其他景物可以完全蔓延到画布的表面。最后的画面效果就像一块珍贵的毛毯，在毛毯上，鲜花、植株和风景画的各种元素代替了寓意画里丰富的装饰元素。但是，如果人类少见地没有出现的话，植物的图案就会以一种几乎富营养化的模式增多，呈现出的自然面貌就仿佛是一个没怎么被打理过的庭园。所以，克里姆特的画中有一种静态的效果，这种效果与印象派笔触细小而分离、颜色纯粹的画法相结合，这使得克里姆特的作品接近于修拉（Seurat）的点画法。后者的宣传画《大碗岛的星期天下午》于1903年在分离派画展上展出。在克里姆特1902年画的《松林Ⅰ》中，对于那些蓝色的修长树干的反复描绘，并不是在效仿野兽派风格的色彩浓重的环境，而是引用了他自己的作品中装饰性背景采用的密集的镶嵌效果。总而言之，对于克里姆特而言，风景画成

阿特湖之岛（约1901）

松林 I（1902）
德累斯顿，现代大师画廊

了他在装饰艺术领域进行研究的原因，后来这一领域汇入了所谓的"华丽风格"。然而，克里姆特并不是在画室里照着预先安排好的模板画画，在由杜拜（Dobai）编辑入册的大约4 000幅他的画中，没有出现哪怕一幅描绘风景的画。克里姆特就像那些印象派艺术家一样"在户外"画画并且直接画到画布上，这是他身上的印象派痕迹。他还喜欢在衣袋里装一个象牙制的小画框四处游览,透过这个小画框,他可以一边看风景一边反反复复地尝试给眼前的"风景画"镶框。但是,克里姆特并没有意愿让自然界元素的瞬息万变去改变风景画中的光线,他有的是对于找到新的处理方法和新的表现主题的实验的焦虑,而且这些方法和主题必须是受真实景色的直接启发获得的。

因此,克里姆特还拥有一副小望远镜,以此来贴近他所需要的细节,这些细节成全了他的风景画如此具有特色的"全都处于焦点"的最终效果。从直接的视觉体验上来看似乎完全没有用到专门性的技巧。克里姆特的目的是让画面更加静态,让所有植物形态的元素都固定在一

阿特湖古堡 I
(约1908)
布拉格,国家画廊

阿特湖古堡Ⅲ（1901）
维也纳，奥地利美景宫美术馆

向日葵园（1905—1906）
维也纳，奥地利美景宫美术馆

十字架与花园（1911—1912）
已损坏

种静止而冻结的氛围里。他画的是一种理想化、不朽化、永恒地冻结在一瞬间的自然风景。在他的这些风景画中，我们感觉不到空气的流通，感知不到草叶的清新，也感受不到阳光的温暖，连天气都不存在。如同杜拜记载的那样，人们尤其对克里姆特的风景画有一种印象，那就是在他的画里自然界都变成了"冬天"。当然，不得不提的还有纸张的规格，一般情况下都是四方形的，这样的规格显然有助于对画面的灵巧控制，能够把巨大的自然画面缩减成一幅规则的、可测量的画幅。风景画几乎变成了克里姆特在风格探索过程中的一个机遇，在探索过程中他从与印象派风格的比较，到尝试站在凡·高的视角，最后融入进了埃贡·席勒和奥斯卡·柯克西卡的坚硬线条。一幅色彩灿烂但缺乏人情味的画，这同样不会是克里姆特的绘画精神所在，他的绘画精神似乎是探索出人意料的人类心情的多样性。我们都曾注意到，克里姆特的风景画实践是如何映照出他绘画活动中的那一段"私人"时光，这与公众"可耻"的高调形成强烈对比。因此，克里姆特的风景画，在他的绘画工作的范围内是一类完全自主和独创的画作。在克里姆特绘画风格的发展过程中，风景画的重要性绝不比寓意画低。

向日葵

（约 1906—1907）

克里姆特与他的女性世界

古斯塔夫·克里姆特在艺术史上留下的名声是画女性世界最杰出的画家。他画笔下的女人们以其体现出的肉欲为人所知——当她们沉溺于享乐时,有时会被人窥视着(例如《达娜厄》);或者她们会以两性人和男性世界刽子手的形象出现(例如《茱蒂斯》),她们是无与伦比的生物,不断填充着人们的想象。就算在克里姆特现实主义的画里,例如,画于1909年的《家》,在这幅画中男性的元素也被消除了。在克里姆特的画中也有这样的形象:一个悲伤又忧郁的寡妇,同时还是两个孩子的母亲,这样的描述令人们脑中想起的是同样画于1909年的那幅动人的《老女人》。

在克里姆特为当时社会的富足

索尼娅·奈普斯,穿着出自维也纳工坊的衣服(约1911)。

索尼娅·奈普斯肖像(1898)
维也纳,奥地利
美景宫美术馆

瑟琳娜·莱德勒肖像（1899）
纽约，大都会艺术博物馆

阶层画的女性肖像中，他并没有对研究他的女模特们的心理表现出过多的兴趣。对于克里姆特而言，最有价值的是使展现人物肉体的现实主义与他幻想中的抽象的几何图案发生碰撞。1907年，贝尔塔·朱克坎德写道："克里姆特画与他同时代的女人，她们身体的结构，她们躯体的形象，她们骨肉的可塑性，她们活动的过程，所有的这些要素，克里姆特通常都会进行极其深入的研究，然后把以上要素烙印在他自己的记忆里。由于克里姆特画中女主角与宇宙、自然之间的不同关系，他所画的女性画的主题也各不相同，由此维持了这一领域的坚实和安全。克里姆特画中的女人们都有着令人忧心的魔力，她们残酷地妖娆着，从容地性感着。在画中，她们富有弹性的身躯有着色调的变化，皮肤泛着光泽，饱满的前额有着精心切分的棱角，红色的头发惹人犯罪，这些都能引起人们深刻的心理共鸣。在肖像画中，克里姆特呈现出的是高贵优雅、紧张不安、充满渴望或者对生活充满幻想的女人形象，这些女人各有不同，所幸因为克里姆特的作品，她们都存在着。但是，

克里姆特把女性的躯体都分解成了装饰性的美丽线条，仿佛这是一个理想中的形象。画里的每一个记号，每一处单独的笔画都被清除了，留下的只是纯粹的特征，是现代女性的理想化形象。"

例如，在《阿黛尔·布洛赫鲍尔夫人肖像》中，脸部的现实主义处理和衣服的繁复装饰之间的对比，使得阿黛尔夫人仿佛被镶嵌进了一块珍贵的宝石里，这样就消除了一般的肖像画里时有出现的、过分的主观性和偶然性。另外一个能让克里姆特突出笔下女性角色的线

阿黛尔·布洛赫鲍尔夫人肖像 Ⅰ
(1907)
全图和局部
纽约，新美术馆

玛格丽特·史东波罗·维特根斯坦肖像（1905）
慕尼黑，新绘画陈列馆

艾米丽·芙洛格肖像（1902）
全图和局部
维也纳，卡尔广场维也纳博物馆

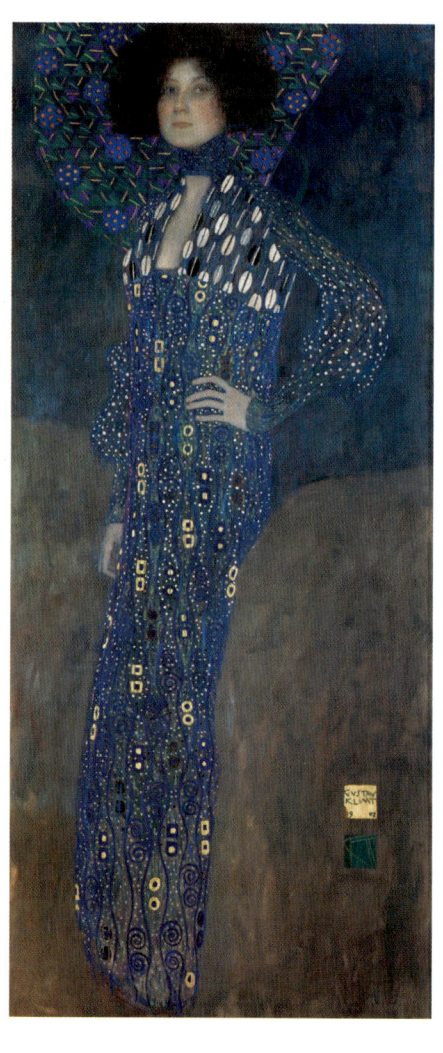

性的技巧是对所画躯体的不自然延长，就像他在《艾米丽·芙洛格肖像》或者《玛格丽特·史东波罗·维特根斯坦肖像》中所做的处理一样，正是因为这样的延长处理，后者甚至被订画者拒收了。但是，不妨这样讲，这些肖像画值得被纳入最著名的寓意画之列，在灵感的延续性

上，就算是在"讨订画方欢心的作品类型"这一限制条件下，克里姆特都展现出了一种坚定的风格一致性。形式上的界限更是如此，在这两种不同的表达界限之中，平行性建立在对女性主题的同等坚持上。实际上，如果直到1896年，在克里姆特的作品中还有男性肖像画的话，那么这些肖像画就从出现最后一幅的那个日期开始终止了，这对以下两个根本原因来说，是一个意义深远的巧合：首先，因为我们先前提起过的艺术革新对维也纳环境产生了重要影响，维也纳分离派的建立已然近在眉梢了；其次，因为那个日期，与克里姆特和马奇展示出他们为维也纳大学画的壁画的意向性草图的日期恰巧相同，这次展示给克里姆特的艺术生涯带来了戏剧性的结果。因此，这是一个划界限的日期，它标志着克里姆特获得了风格和计划的高度一致。总之，我们面对的是一则尽管含蓄，但却清晰的具有文艺观点的宣言。克里姆特自我展示为一名"画女性世界的画家"。从那时起，他将以一种绝非偶然的赤诚，把所有的精力都奉献给"女性"这一主题。克里姆特

赫曼·加莉亚肖像（1904）
伦敦，国家美术馆

对女性特征的描绘和他的艺术倾向达成了深度一致，同时代的艺术家无人能出其右。

芙丽莎·雷德肖像（1906）
维也纳，奥地利美景宫美术馆

◀ **持扇美人**（1917—1918）
局部

1908—1918

华丽风格时期

斯托克雷特横饰带

在布鲁塞尔的斯托克雷特宫中，有一幅横饰带，其中最显眼的是一棵长着螺旋形树枝的阿拉伯风格大树，这是克里姆特参与绘画的最后一幅大型集体作品。斯托克雷特宫的外形具有分离派艺术特点，于1905—1911年由建筑设计师约瑟夫·霍夫曼设计修建，它是比利时大企业家阿道夫·斯托克雷特的私人宅邸。斯托克雷特宫所有的装饰工作及其室内布置，都委托给了一个应用艺术团队——维也纳工坊，该工作室由约瑟夫·霍夫曼和科罗曼·莫塞尔负责，在室内布置的设计过程中，斯托克雷特家族从未吝惜过费用。上至大的家具、灯具，下至小的摆件、家用物件，全都是由维也纳工坊设计的，由此，他们不仅达到了建筑史上里程碑式的成就，更实现了维也纳分离派完成一部全面的艺术作品的理想。斯托克雷特宫是一件奥托·瓦格纳风格的整体艺术作品，是建筑、绘画和应用艺术的完全有机融合和坚定协调一致的结果。这座宅邸，立即被其主人阿道夫·斯托克雷特定义为"这个世界上最完美的房子"，它代表了约瑟夫·霍夫曼艺术生涯的巅峰之作，此外，它也成了"维也纳风格"无可超越的经典，自维也纳分离派创立之初，奥地利艺术家们就开始精心设计这一艺术经典。由于其珍贵又简朴的外观，斯托克雷特宫也被人们拿来和埃及、拜占庭的建筑进行比较。建筑的正面铺着大理石，观景塔耸立在装饰华丽的小圆屋顶上，这样的设计令人想起了出自约瑟夫·玛利亚·奥布里希之手的维也纳分离派会馆。斯托克雷特宫宽阔的前厅里展出着主人阿道夫·斯托克雷特收藏的古代艺术品，穿过前厅就是一间间宽敞的厅室，其中

斯托克雷特宫的餐厅,位于布鲁塞尔,由约瑟夫·霍夫曼设计(1905—1911)。墙上挂着画在厚纸板上的马赛克画《斯托克雷特横饰带》,作者古斯塔夫·克里姆特。

音乐厅和戏剧厅最为显眼,两个房间都铺着大理石,房间内的构造有着嵌入式的设计。

克里姆特受到了委托,要为斯托克雷特宫的餐厅完成一幅装饰画,餐厅是一个长方形的房间,有着方正的棋盘式的地板,墙面的一半铺着白色带斑点的大理石,用金色的方框装饰着。另外,这间餐厅里还有两个黑色大理石制成的长碗橱,以及两个角窗,角窗里保存着约瑟夫·霍夫曼特意设计的餐具。在那长长的泛着光的欧石楠木餐桌一周摆放着22把椅子,这些椅子都是镶着金边的黑色皮椅。

克里姆特带着极大的热情开始了餐厅装饰画(即《斯托克雷特横饰带》)的创作,他完成的画装饰了

斯托克雷特宫，花园一侧（约1910）。

《斯托克雷特横饰带——玫瑰簇》底图（1905—1909）维也纳，奥地利应用艺术博物馆

餐厅两面较长的墙，它们被挂在墙面上方直贴到天花板，一幅小规格的、画着抽象几何图案的壁画挂在窗户对侧那面较短的墙上，它连接起了克里姆特所画的装饰画——《斯托克雷特横饰带》。《斯托克雷特横饰带》由15块大理石镶板组成，它采用了马赛克的绘画方式，穿插以金箔、石灰石、珐琅和陶瓷。《斯托克雷特横饰带》还存有一些预备底图，这些底图从前为奥托·帕玛威丝（维也纳工坊的投资者之一）所有，后来被维也纳应用艺术博物馆买入。在斯托克雷特宫餐厅里挂的两幅长

《斯托克雷特横饰带——期待》底图（1905—1909）维也纳，奥地利应用艺术博物馆

《斯托克雷特横饰带——拥抱》底图（1905—1909）维也纳，奥地利应用艺术博物馆

图描绘的是一模一样的装饰图案：生命之树将它扭曲却又极其优雅地伸展到整个空间里，树枝上布满了微小的装饰元素，其中最显眼的，是那无数的神秘花朵，它们具有埃及眼睛的特征。

在不自然地纠缠卷曲着的树枝之间，有两组人物形象：一组是一名有着日式相貌的女舞者，她是"期待"的体现；另一组是一对充满热情、紧紧相拥的恋人，他们体现的是"拥抱"。一些文艺批评的论断常常把重心投在第三幅画上，这幅画被放置在餐厅窗户对侧的墙面上，它本身似乎就代表了一扇虚窗，朝幻想中的空间敞开着。但是，通过仔细的分析，这第三幅画鲜艳夺目的彩色装饰揭示了一种拟人化的形式，依照克里姆特本人的说法，这些彩色装饰能够被联想为一个戴着白色的哥特式头盔、披着彩色披风的骑士的形象。这样一来，克里姆特又一次以艺术的手段演绎出了对于爱情的幸福的获取，其中爱情的幸福由一名女舞者体现。在克里姆特从前的作品中，肉欲和艺术是紧密相连的，但是现在，那些在《贝多芬横饰带》中惊扰了画中人物的

《斯托克雷特横饰带——骑士》底图
（1905—1909）
维也纳，奥地利应用艺术博物馆

威胁元素，在这幅画中似乎是被隐藏在了画面中类似拜占庭风格的图案内部，最后化作了纯粹的装饰元素。克里姆特在坚持着的正是维也纳风格的顶峰，这一风格后来被人们熟知为"装饰派艺术"，然而克里姆特自己却另择了一条路走，扩大了既强烈又保持着平衡的生机论。

1908年与1909年的Kunstschau艺术展

在1903年,杂志《神圣之春》停止发行,应用艺术工坊——维也纳工坊创立了,这两者标志着维也纳分离派危机的开端。这次危机的激化主要是由于维也纳分离派的两派成员之间的意见分歧:"写实主义派",思想受艺术传统的束缚更多;"追求风格派",思想与青年风格的革新精神更为接近。1905年,这次危机达到了顶峰,原因是维也纳分离派没能参与圣路易斯世博会的活动,这很有可能是因为分离派要求展出克里姆特的诸多作品,而在这些作品中还有他为维也纳大学画的两幅极富争议的壁画。然而,维也纳分离派内部产生罅隙的实质原因是与克里姆特的画家朋友卡尔·摩尔的合作,他们合作于极富声望的米特克画廊的活动中,这些活动与传统的维也纳艺术家协会的那些活动形成了竞争。因此,在1905年春,"追求风格派",即所谓的"克里姆特团体",最终从维也纳分离派中脱离了出来,而且他们为己方准备了一场盛大的艺术展——Kunstschau艺术展(Kunstschau原意即为"艺术展")。

Kunstschau艺术展的第一次展览在1908年举行,这一年人们都在庆祝皇帝弗朗茨·约瑟夫登基60周年。Kunstschau艺术展的目的在于展示当时奥地利艺术能达到的最佳效果:从奥托·瓦格纳到约瑟夫·霍夫曼,从科罗曼·莫塞尔到奥斯卡·柯克西卡(Oskar Kokoschka)。在克里姆特的想法中,上述最后这

左图
维也纳工坊明信片,描绘的是Kunstschau艺术展大厦。

右图
1908年Kunstschau艺术展开幕式的招待会。克里姆特背对着站在庭院中的人群里。

恶意（格特鲁德·席勒）（1910）
埃贡·席勒

黑色羽毛帽（1910）
全图和局部

位奥斯卡·柯克西卡的作品表现出的才是 Kunstschau 艺术展的真真正正的主题。但是，尽管奥斯卡·柯克西卡画中的表现主义和经受苦难的气氛为画展做出了意义重大的贡献，连那些艺术评论文都停止了信手拈来、习以为常的讽刺，然而公众却似乎对他苦涩的、拟古主义的风格保持着冷漠的态度，甚至连分离派的顽强守护者路德维希·希维西也刻薄而又颇具绅士派头地表达了对奥斯卡·柯克西卡的讽刺："柯克西卡无疑是极具才华的，但他缺了一样最关键的要素：品位。他连百分之一的品位都没有！"克里姆特疑似对这一评价做出了回答："但是柯克西卡有百分之百的才华！品位对于侍酒师或者厨师而言有一定的用处。但是，艺术与品位毫无关系。"路德维希·希维西给柯克西卡的作品展厅起了"放荡画室"的绰号，除了这个展厅里柯克西卡的作品以外，那些应用艺术领域的书画刻印工和艺术家们的作品，也为此次 Kunstschau 艺术展平添了格调。

这个围绕克里姆特建立的新协会有一些目标，其中当然也包括分离派艺术家们原来的思想，即在日常生活的各个方面都普及艺术，为了达到这一目标，维也纳工

戴帽子和羽毛围巾的夫人（1909）
维也纳，奥地利美景宫美术馆

坊毫无保留地做出了瞩目的贡献。在 Kunstschau 艺术展开幕式演讲中——这是克里姆特一生之中为数不多的公开发言之一，他说道："能让我们联合起来的，只有一种信念，那就是人生中没有任何领域的艺术努力是没有意义的，也没有任何领域会过于狭小而不能给艺术热忱提供空间。而且，威廉·莫里斯也曾经说过：'就算是不太引人注意的物品，如果用完美的方法去呈现，我们同样也能为美化这片土地做出贡

奥斯卡·柯克西卡,摄于 1909 年

克里姆特,摄于 1908 年

埃贡·席勒照片（1914）
约瑟夫·安东·特尔卡拍摄
维也纳,阿尔贝蒂娜博物馆

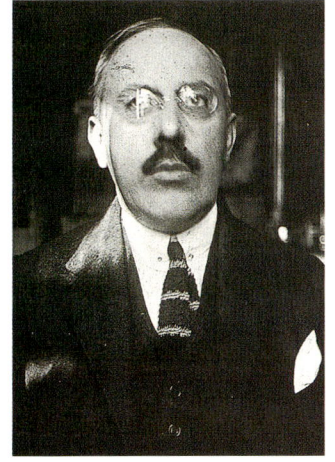

约瑟夫·霍夫曼,约摄于 1918 年

两姐妹（1907—1908）

1908年Kunstschau艺术展,克里姆特作品的展厅。

献.'实际上,文明的发展只能建立在艺术工作在生活各个方面逐渐深入的渗透中,因此,你们大家不会在这个艺术展中看见我们艺术征途的最终结果,这个展览构成的只是一个在奥地利艺术舞台上的活动的效果展示,一个我们国家的文化状况的准确汇报。就像艺术作品的概念一样,艺术家的概念也是应该从广义上去理解的。我们不仅将那些会创作的人定义为艺术家,那些参与进自己创作的作品当中的人也应当被称为艺术家,他们用自己的艺术敏感性来复兴创造性的行为,以此来赋予艺术作品新的价值。对我们而言,艺术家是所有创作的人和所有欣赏创作出的艺术作品的人组成的完美团体。"克里姆特这段演讲的大意仍然是唯美主义的,是关于在艺术活动中日常生活每个方面的转变的唯美主义。卡尔·库兹马尼(Karl M. Kuzmany)写道:"对于这次艺术展的举办,克里姆特等人有着非常明确的计划。他们想要告知世人,人的一生都应该被刻上艺术的印记。"

约瑟夫·霍夫曼在极短的时间里为展览馆设计修建了54间展厅,在这些展厅里有着179位艺术家的作品,他们由于专攻的领域不同而被分为书画刻印、建筑、海报艺术、时装、手工艺,甚至还有宗教艺术和墓葬艺术等不同板块。此外,霍夫曼还展出了他设计的房屋模型,完美地补全了此次展览中的艺术种类,建筑学家弗朗茨·黎比士展出

《采集棉花的女人》1908年Kunstschau艺术展宣传画,作者奥斯卡·柯克西卡。

女人的三个阶段（1905）
罗马，国家现代美术馆

了"花园剧院",在其中上演着奥斯卡·柯克西卡的阴郁剧目《暗杀者,女人们的希望》,这部剧作完成于前一年。但是,此次艺术展最精彩的部分无疑是克里姆特作品的展厅(由科罗曼·莫塞尔布置),展厅中陈列了克里姆特近期的16幅作品,其中最引人注目的完美典型是那幅杰出画作——《女人的三个阶段》,几年之后被罗马国家现代美术馆买入。在赞同克里姆特的作品这一问题上,大家达成了一致。约瑟夫·奥古斯特·勒克斯(Josef August Lux)曾谈道:"这次艺术展就像穿在克里姆特身上的一件节日盛装,举行艺术展是一种颂扬他作品的方式,在我看来这个方法非常合适,其实在艺术界克里姆特就是最厉害的大师。"

1909年的Kunstschau艺术展对前一年的展览形成了必然的补充,这一次艺术展的特征是对欧洲艺术的不同流派的广泛反映:象征主义、后印象主义和表现主义。在英国和德国的应用艺术作品旁边,还陈列着皮埃尔·博纳尔(Pierre Bonnard)、摩里斯·德尼(Maurice Denis)、保罗·高更、亨利·马蒂斯(Henri Matisse)、爱德华·蒙克、埃贡·席勒、文森

1909年Kunstschau艺术展,奥斯卡·柯克西卡的剧目《暗杀者,女人们的希望》第一次展映宣传画,作者奥斯卡·柯克西卡。

特·凡·高和菲利克斯·瓦洛东(Felix Vallotton)的作品。克里姆特也展出了7幅作品,其中就有那幅著名的《茱蒂斯Ⅱ》,这幅画标志了克里姆特金色时期的结束,以及一个重大危机阶段的开始。

谈话中的夫妇
(1908)
奥斯卡·柯克西卡

维也纳工坊

维也纳工坊（Wiener Werkstätte）成立于1903年，创建者是两位在分离派界内已然非常有名的艺术家：建筑学家、设计师约瑟夫·霍夫曼，画家、书画刻印师科罗曼·莫塞尔。他们成立这个工作室的目的是"使工作室成员对应用艺术的兴趣得到鼓励——通过他们自身对于手工工艺的教导和学习；通过根据工作室成员们的艺术计划、对各种手工工艺品进行筹划和制作；通过工作室的建立以及通过他们的作品的成功出售"。工作室的资金由企业家弗里德里希·华恩多夫（Friedrich Wärndorfer）提供，同时他还担任了工作室出纳的职务。在维登郊区的一处住宅里，维也纳工坊的成员们布置了一些工作室，用于加工金属（金器、银器）、木料（木工手艺、雕刻和上漆）、书册（装订和制革）。在这些工作室的旁边就是约瑟夫·霍夫曼的建筑设计工作室。所有的这些工作室都被按照"工作室"的典型模式进行了布置，它们整齐、清洁、通风良好且配有卫生设备，呈

维也纳工坊宣传画（约1908）
约瑟夫·霍夫曼

茶具（由打好的银、珊瑚、木材和皮革制成）(1903)
设计者约瑟夫·霍夫曼
维也纳，奥地利应用艺术博物馆

斯托克雷特宫的餐桌用具，由维也纳工坊设计制造。

约瑟夫·霍夫曼为维也纳工坊设计的餐具（1904）。

现出的是完美工作地点的样子，是后来同类工作室布置的典范。工作室里的人际关系也表现出了对劳资关系和良好教育的最大尊重。得益于这些工作室（很快又添了用于时装、陶瓷加工的工作室，以及维也纳陶瓷工作室），维也纳工坊能够在短时间内制造出大量的精美至极的生活用品和陈设品，甚至在国外也开始盛行维也纳风格，并且很快开设了相关专业。维也纳风格的特征是既具有极大的实用性，又具有极致优雅的外形。循着英国"工艺（Arts and Crafts）"的模范，维也纳工坊的目标是提高工艺品的质量，并且对手工工艺品的生产过程实现现代化，同时避免类似于工业产品的批量生产。约瑟夫·奥古斯特·勒克斯在一篇评论文中这样写道，"虽然维也纳工坊具有一切对其而言必不可少的创新技能，这里也完全不缺机械设备，但是在这里，机器不是人类的支配者和统治者——它更像是对人类充满好意的协作者，它所制造出的产品反映出的也并不是它的外表，而是创造出这些产品的艺术家的精神追求，以及艺术家那习惯于创造艺术作品的双手的能力。十天时间创造一个作品远胜于一天时间做出十件东西。"维也纳工坊的"实用风格"在其最初投入精力的一些作品里呈现得最好。位于布鲁塞尔的斯托克雷特宫是维也纳工坊完成的一件名副其实的整体艺术作品（克里姆特也与维也纳工坊进行了合作）。普科斯多夫疗养院，被维也纳工坊设计成了一座结合了现

约瑟夫·霍夫曼为维也纳工坊设计的盒子。

银项链，带着镶有两块蛋白石的心形吊坠（约1905），设计者约瑟夫·霍夫曼。

代旅馆和现代医院的综合建筑；蝙蝠歌厅，维也纳工坊为它设计了7 000块上釉的陶瓷砖。在科罗曼·莫塞尔退出之后，维也纳工坊经历了一连串的艰难的经济危机，1914年这些经济危机导致了与弗里德里·华恩多夫伙伴关系的结束，由马达（Mäda）和奥托·普里马韦西（Otto Primavesi）替代，后者是奥莫茨商会的副主席。然而时代在发生改变，理性主义建筑学家阿道夫·路斯（Adolf Loos）对维也纳工坊表达出的批判性语言，突出了维也纳工坊的设想长期以来存在的矛盾："奥地利人民应该当心，不要参与维也纳工坊的艺术活动。现代精神是一种社会性的精神，现代的产品不是为属于某个社会阶层的少数人设计的，而是为所有人设计的。"这一见解后来被德国建筑师瓦尔特·格罗皮乌斯（Walter Gropius）创办的包豪斯学校接受了（从1919年开始），但是约瑟夫·霍夫曼的维也纳工坊仍继续存在着，各个时期交替轮换，直到1931年。

艺术人生——克里姆特

华丽风格

与年轻艺术家埃贡·席勒和奥斯卡·柯克西卡的表现主义手法的接触，引起了克里姆特深刻的思考，这种反复的思考让他在1909—1910年有了一段短暂的无艺术活动时期。然后克里姆特放弃了金箔背景和细小的几何装饰图形，他依照凡·高和亨利·马蒂斯发明的配色范例对他自己的画做了修订，弃置了画中原本有的神话主题和古典主义的残留印记。克里姆特那独立于色调关系的用色习惯在作品中表现得更加鲜明，使得其作品接近于斯拉夫艺术和法国野兽派（得名于1905年的法国秋季沙龙展）艺术的典型作品。他的绘画笔触变得更加自由，用一种坚定的审美消除了即兴创作出的作品中存在的某些艰涩的部分（仍然受到瑞士画家费迪南德·霍德勒作品的影响）。珍贵的马赛克虽然具有拜占庭式的优雅，但却使那些寓意画变得僵硬，所以它被彩色的、由鲜花和带有东方特色的图案组成的毯子所替代了。

这就是所谓的"华丽风格"，它的显著特色是对于花叶饰图案的突

死亡与生存
（1911—1916）
维也纳，利奥波德博物馆

◀ 芭蕾舞者
（1916—1918）

出使用，以及对于形象描绘的巴洛克画法，这种画法通过扩大轮廓的方式来放大环境中的人物形象，就如同即将绽放时风化了一般。在青年风格的灵活线性之中，如今也有了强烈的色彩主义，但是这种色彩主义并不会在色彩不协调、色彩错觉、声誉的领地上冒险。克里姆特一直保持着"古典画家"的身份，他的作品通过对人物外形的仔细标定和对颜色冲突的高明平衡，使画面保持平衡。他对于画中人物的面部从来不会做表现主义丑化，而是让它们悬在古式的庄重和平静的（身体）松弛之间。比上述平衡更进一步的是，克里姆特找到了一种能够

艺术人生——克里姆特

死亡与生存
（1911—1916）
位于第 134—135 页
局部
维也纳，利奥波德博物馆

持扇美人
（1917—1918）

把艺术安放在世外之地的方法，那是一个和平的地方，远离对立冲突，远离"现实在不断逼近"这一悲剧——第一次世界大战的悲剧，尽管人们并没有在克里姆特的作品中找到有关的痕迹。在艺术的天外世界里，克里姆特远离了焦急不安，并且还为艺术史贡献了一些杰出作品，不幸的是这些杰作常常是未完成的，例如《死亡与生存》《处女》《亚当和夏娃》和《新娘》。在《处女》（1912—1913）中，许多图案形象组成了一个圈，这个圈缓慢地做着同心运动，围着一个美丽少女熟睡的身影。在她周围还有其他年轻的女孩，她们被囚禁在一种有人性的球团之间，用半闭的眼监视着少女休息。在这幅画里，克里姆特式的情欲在他最擅长的表达方式里得以传递，如同以往，这种情欲是通过

处女（1912—1913）
布拉格，捷克国家美术馆

睡梦这一令人安心的中间手段表现出来的。克里姆特似乎认为睡梦中的人不必为自身的欲望负责，因此他毫无顾虑地描绘出了这个沉浸在自己甜蜜思绪里的年轻处子形象，而她身旁已然清醒的女伴们则在一种安宁的慵懒之中迟疑地监视着她。

萨福主题，我们已经在克里姆特的作品里看到过，它在这幅画中也有所体现，尽管是隐藏着的，隐藏在心理层面而不是感观层面：这幅画中的情欲并非展示出来的，而是人们想到的。这幅《处女》是画于一个克里姆特似乎只专注于风景画创作的时期，在其复杂的画面结构和迅速的配色草稿中，它展现出了一个时期最独到的特征——我们称之为"华丽风格"的那个时期。

《处女》中女性群体形象的生动活力表明，对比四年前画的《死亡与生存》中呈现的一组相似的形象，克里姆特已经取得了一种更强的创

◀ **处女**（1917—1918）
局部
布拉格，捷克国家美术馆

阿黛尔·布洛赫鲍尔夫人肖像 II
（1912）

作流利度。从围绕着女孩们的各色鲜花的那一侧，将会逐渐形成彩色的金字塔堆，这样的金字塔堆是克里姆特后期作品的典型特征。画中的"处女"被放置在一个真真正正的生命循环内——在克里姆特生命的最后几年，他一直坚持不懈地就生命循环这一主题进行创作。从《新娘》（1917—1918，未完成）到《希望》（1907—1908）的第二版，最后到《婴儿》（1917—1918，未完成），克里姆特重新走过了人类生命发展历程中所有微妙的站点，突出了它们的脆弱与美丽。在克里姆特年轻时的作品里已经表现过许多女性的阴暗面，现在他似乎试图通过将更加令人安心的面部神情作为表现主题，来清除这些阴暗面，所以他画了童年时的面部、睡梦中的面部和满怀母性的面部。如果与一些年轻画家的作品对照，上述特点会表现得更加明显，所谓的年轻画家是指奥斯卡·柯克西卡和埃贡·席勒。实际上，这两位对于情爱之欲的演绎更为感性，例如在《暴风雨》（1914）或是《拥抱》（1917）中的演绎。

《婴儿》的正方形画幅由于其清晰明朗而受人喜爱，正方形内部划

婴儿（1917—1918）
华盛顿，美国国家艺术画廊

《亚当和夏娃》草图（1917—1918）

亚当和夏娃（1917—1918）
维也纳，奥地利美景宫美术馆

分为三个三角形的区域，其中最大的一个区域由一团错乱纠缠在一起的彩色地毯形成，这些彩色地毯令人想起克里姆特曾画过的斯拉夫人织物，那出现在他1917年在旅途之中完成于摩洛维亚的作品当中。《婴儿》中，这波浪形的彩色混乱纠缠物顶端，正好与整幅画的消失点一致，此处画着一个婴儿的头，他的头被湮没在混乱的地毯之中，然而它在整个画面之中又占据着主导地位。

在《亚当和夏娃》（1917—1918，未完成）中，画面主体仍然与《创世纪》的主题有关，表现的是在生命循环中的出自《圣经》的隐喻。画中的夏娃有着柔软的金色头发，她双脚站在鲜花聚集成的云朵上，神秘地微笑着，朝着观众视野之外的某个点微笑着。亚当则显得健壮而忧郁，双眼紧闭仿佛在睡梦之中，他从身后的阴影之中显出身形来，仿佛是一个附带的形象，而这一形象的出现只是为了反映出生命的奥秘。实际上，克里姆特最后的这些作品似乎补充了他在金色时期的寓意画中开始的思考，在这些作品中，男性的形象出现得比从前更少，当他画男性形象的时候，与女性形象

女男爵伊丽莎白画像（1914—1916）

相比，这些形象通常都处于画面中的次要位置。

正如我们看到的那样，对待最后的这些作品，克里姆特既交付了

玛利亚·蒙克画像Ⅲ（1917—1918）
林茨，兰多斯艺术博物馆

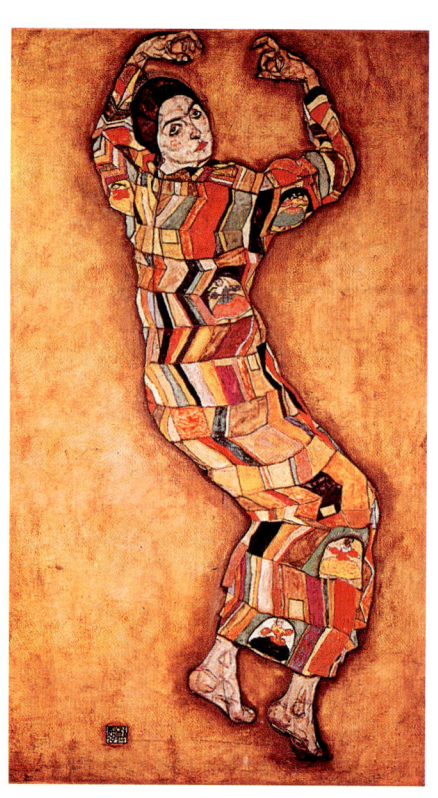

费德里克·玛利亚·比尔肖像（1914）
埃贡·席勒

费德里克·玛利亚·比尔肖像（1916）▶
纽约，大都会艺术博物馆

一位女士的肖像（约 1916—1917）
皮亚琴察，里奇·奥迪现代艺术馆（1997 年被盗）

约翰娜·施陶德夫人肖像（1917—1918）
维也纳，奥地利美景宫美术馆

流苏毯上的两个女孩（1911）
埃贡·席勒

他对于画面内容的责任感，也交付了作品的实质定义。其实，出现在《新娘》（1917—1918，未完成）中的男性脸庞，在画面结构的安排中，其重要性排在第二位。这幅作品是克里姆特登峰造极的最后的艺术作品，是一幅总结性的作品，其中包含了已经在其他作品中表达过的图案和观念。画面中那梦幻般的脸颊，是对《死亡与生存》和《处女》中出现的脸庞的再次描绘；在画面左下方的裸体形象，是对《金鱼》中的形象的直接化用；而在这个裸体形象左侧的孩子的脸颊，令人想起与之相近的《婴儿》中的孩子的面庞。而画面右边出现的人物形象却是克里姆特过去的作品中未曾出现过的，根据约翰内斯·杜拜推断，那应该是画中新娘梦中她自己的形象的一种体现。有一幅预备草图似乎表明了克里姆特有意向画一个具有两性特征的人物形象。但是在这幅画中，他还是倾向于保留人物形象的女性特征，可是他又在裙子上画了男性生殖器的图案，这些图案的"任务"就是暗示克里姆特画两性特征人物的想法。在这种描绘方式下，这幅画呈现的是完全的、尚

新娘（1917—1918）
维也纳，奥地利美景宫美术馆

玛丹·普利马威西肖像（约1912）
纽约，大都会艺术博物馆

尤金妮亚·普利马威西肖像（1913—1914）
丰田，丰田博物馆

温特阿赫——阿特湖旁的教堂
（约 1916—1917）

马尔切西内——加达湖边（1913）
已损坏

无差别的人类性本能的原始阶段，而那具有两性特征的人物形象则体现了对立矛盾的统一体，也体现了对欲望的一种满足，弗洛伊德曾经推定过在孩子成长的早期阶段可能存在这种欲望。

如同沃纳·霍夫曼（Werner Hofmann）强调指出的一样，克里姆特最后的这些画，"描绘的是一种生命循环，但是完全忽略了生命中不合心意的那一面。属于死亡的阴暗颜色没有呈现在画面里……克里姆特停止了描绘恶意的情欲，并且逐步把男性形象驱逐到画面的背景当中。金色时期时，在克里姆特为斯托克雷特宫画的壁画中，核心主题并不是《实现》（即《拥抱》）；而当下《亚当和夏娃》也表明了，放弃对于拥抱的传统表现形式并不一定能创作出新式的、令人信服的作品。现在克里姆特的想象力越来越多地投掷在《期待》上，因为他从前曾在《期待》中画过身体结合在一起的画面。"画面中的"期待"似乎并没有背负过多的焦虑，抑或是对于人类命运的不幸预言。

在克里姆特为维也纳大学画的壁画中，宇宙之中的悲观谜题最终都消散在了一种对于情欲欢爱的恐慌感中，与同时代年轻的德国和奥地利艺术家作品中那些由于战争而感到的担忧大相径庭。最终，在一种无与伦比的永恒艺术中，克里姆特的精神世界得到了安宁和平静。

女朋友们（1916—1917）
已损坏

活在艺术里的一生

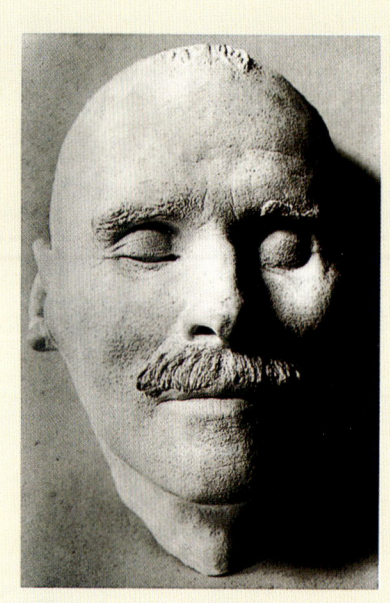

克里姆特的墓葬头像

1918年1月11日早晨,克里姆特突发脑中风,同年2月6日,由于脑中风并发症,他在他深爱的维也纳去世了,在他的工作室中留下了一些尚未完成的优秀作品。临终之前,他叫来了艾米丽·芙洛格守在他床前,这是他一生的红颜知己。后来,克里姆特的学生和朋友埃贡·席勒把三幅极为出众的他的肖像画做成了石膏像,而彼时克里姆特本人已经了无生气地躺在陈尸所的床上。他的讣告被刊登在杂志《黎明》上,是一篇情绪激动情感浓烈的短文:
"古斯塔夫·克里姆特
惊为天人的艺术家
一生艺术得彻底

有着罕见的思想深度
其作品是最神圣之地"

尽管关于克里姆特的个人情况我们知之甚少,但可以肯定的是,他一生之中从未过分冒险或是过分活跃。然而除此之外,我们对克里姆特的了解实在不足,例如,我们甚至不了解那位玛丽·齐默尔曼,那个为克里姆特生了两个孩子并且总是谅解他只愿与自己保持非法关系的女人。实际上,关于克里姆特,我们所熟知的只是借助于那些他写给情人们的信件获得的信息,他的信不计其数却又内容简洁,或者我们还可以借助于他那些文字寥寥、内容质朴的公开发言。

从所有的这些有关克里姆特的文字中浮现出的,是一个害羞、寡言、内向且略有些胆怯之人特有的暴躁的男人形象,他深爱着自己的祖国,在他为数不多的旅行当中,那难以忍受的思乡之情证实了这一点,此外他还是一个令同时代正统派人士愤慨的放荡之人。"我确信,我自己完全无法令我有画画的兴致。"他对自己这样评价道,以此概括了他完全在维也纳上层资产阶级内部度过的一生。古斯塔夫·克里姆特为我们留下了他的"作品集",其中包含了大约200幅画和将近4000个图案,或许,正是在这些作品当中,克里姆特展开了他人生中的真正冒险。

克里姆特去世之时他画室的内部照片,画架上是《新娘》和《持扇美人》。《持扇美人》藏于奥地利国家图书馆,《新娘》藏于奥地利美景宫美术馆(维也纳)。

年表

克里姆特生平大事记	年份	历史同期大事记
7月14日：出生于维也纳郊区的鲍姆加登。	1862	
10月：进入奥地利艺术工艺博物馆附属艺术工商学校（现维也纳应用艺术博物馆），领固定工资，并且同时在该学校学习两年制的基本课程。	1876	古斯塔夫·莫罗画了《显灵》；皮埃尔·奥古斯特·雷诺阿画了《煎饼磨坊的舞会》；埃德加·德加画了《苦艾酒》；詹姆斯·惠斯勒装饰了"孔雀厅"；夏尔·皮埃尔·波德莱尔去世；斯特凡娜·马拉美发表了象征主义诗歌《牧神的午后》；理查德·瓦格纳的歌剧《尼伯龙根指环》四部曲第一次演出；亚历山大·格拉汉姆·贝尔发明了电话。
与弟弟恩斯特和同学弗朗茨·马奇（1861-1942）一起，在维也纳艺术史博物馆的庭院中为Maufberger的雕刻作品工作。	1879	在巴黎举办了第四次印象派画展；亨利克·易卜生写了社会悲剧《玩偶之家》；路易斯·巴斯德制成了鸡霍乱疫苗；托马斯·阿尔瓦·爱迪生发明了电灯。
与弟弟恩斯特和同学弗朗茨·马奇一起，为卡尔斯巴特疗养所的天花板画壁画，壁画内容是维也纳Sturany宫殿的集会。	1880	波斯尼亚加入了奥匈关税同盟；在巴黎举办了第五次印象派画展；爱弥尔·左拉发表了长篇小说《娜娜》；居斯塔夫·福楼拜去世。
费迪南德·劳夫贝尔格去世，跟随教授尤里乌斯·贝尔格继续学习艺术；出版商格拉克特邀他为《寓言与象征》一书绘制插图。	1881	俄罗斯帝国沙皇亚历山大二世被刺杀；巴勃罗·鲁伊斯·毕加索出生在西班牙马拉加；亨利克·易卜生写了社会问题剧《群鬼》；保尔·魏尔伦写了诗歌集《智慧集》；乔万尼·维尔加写了小说《马拉沃利亚一家》；在爱丁堡开始修建福斯铁路桥。
与弟弟恩斯特和同学弗朗茨·马奇一起，开始了与建筑师费迪南·费尔纳和赫尔曼·赫尔莫的合作，克里姆特、恩斯特和马奇三人对赖兴贝格剧院进行装饰，风格受汉斯·马卡特影响。	1882	德国、奥地利和意大利签订三国同盟条约；乔治·布拉克和伊戈尔·菲德洛维奇·斯特拉文斯基出生；理查德·瓦格纳创作了歌剧《帕西法尔》；罗伯特·科赫发现了结核杆菌。
研究学习意大利15世纪的艺术：米开朗琪罗和马克斯·克林格尔；创作了《牧歌》。	1884	乔治·修拉开始了画作的创作，奥古斯特·罗丹开始了雕塑《加莱义民》的创作；阿尔丰斯·都德写了长篇小说《萨福》；卡尔·于斯曼发表小说《逆流》。
与Lainz合作装饰爱马仕别墅和阜姆市立剧院。	1885	法国杂志《颓废者》创办；约翰内斯·勃拉姆斯创作《第四交响曲》；维克多·雨果去世；朱尔·拉福格写了诗集《哀叹》。
为由森佩尔和哈森内尔设计的新维也纳城堡剧院的两处拱顶面装饰画；主题是该剧院的历史，这项工程延续了两年。	1886	奥斯卡·柯克西卡出生；保罗·高更逗留在法国小城蓬塔旺；让·莫雷亚斯发表《象征主义宣言》；加布里埃尔·邓南遮创作了《伊索塔·古塔多罗》；弗里德里希·尼采完成《善恶的彼岸》；理查德·克拉夫特-埃宾发表了《性心理变态》。
为新维也纳城堡剧院画装饰画；文艺评论家佩希特称他为汉斯·马卡特的"继承人"。	1887	费里希恩·洛普斯创作了《Diaboli Virtus in Lombis》；乔治·特拉克尔和斯蒂芬·茨威格出生；朱尔·拉福格写了《莎乐美》；朱塞佩·威尔第完成歌剧《奥赛罗》。
新维也纳城堡剧院的装饰工作完成；画了《萨福》和《维也纳老城堡剧院内部图》。	1888	威廉二世继位成为德意志帝国皇帝；文森特·凡·高完成油画《邮差卢南》；卡尔·尤斯蒂发表关于委拉斯贵兹的评论文。
游览了意大利威尼斯、的里雅斯特和德国巴伐利亚州首府慕尼黑；完成了《戴淡紫色围巾的夫人》。	1889	在国际社会主义工人代表大会上成立了第二国际；巴黎世界博览会；埃菲尔铁塔竣工。

画了《钢琴家约瑟夫·彭鲍尔肖像》，开始了维也纳艺术史博物馆内大台阶的穹隅和柱间的装饰画工作。	1890	德意志帝国新进程：宰相奥托·冯·俾斯麦辞职；文森特·凡·高自杀身亡；奥斯卡·王尔德连载长篇小说《道林·格雷的画像》；理查德·施特劳斯创作交响诗《死与净化》。
继续着维也纳艺术史博物馆的装饰画工作；加入了维也纳美术家协会；完成了《两个女孩与夹竹桃》。	1891	社会民主党在埃尔福特召开代表大会；罗马教皇利奥十三世发布题为《新事物》的通谕；阿尔蒂尔·兰波、乔治·修拉和艺术史学家乔瓦尼·莫雷利去世。
与弟弟恩斯特和弗朗茨·马奇一起搬进了新工作室（位于维也纳Ⅷ，josefstadterstrasse 21）；12月9日，弟弟恩斯特·克里姆特离世，短短几个月之后，父亲也过世。	1892	克劳德·莫奈开始了"鲁昂大教堂"系列作品；约翰·沃特豪斯画了《瑟茜下毒》；奥斯卡·王尔德创作了戏剧《莎乐美》；雷米·德·古尔蒙发表了《Lilith》；胡戈·霍夫曼斯塔尔完成诗歌《提香之死》。
与弗朗茨·马奇一起，精心准备维也纳大学大礼堂壁画的布置设计图。去往匈牙利，参观了艾什泰哈齐城堡和托弟斯剧院，并在那里画了《托弟斯艾什泰哈齐剧院内部图》。	1893	弗朗茨·冯·斯托克画了《罪恶》；约翰·沃特豪斯画了《无情的妖女》；马克斯·克林格尔雕刻了《莎乐美》；阿比·瓦尔堡发表了对于桑德罗·波提切利的《春》和《维纳斯的诞生》的评论文。
关于维也纳大学大礼堂装饰的马奇–克里姆特方案获得批准；在维也纳参加了维也纳美术家协会第三次画展，费尔南德·赫诺普夫在此次画展上获了奖。	1894	法国德雷福斯事件；奥博利·比亚兹莱为王尔德的《莎乐美》画了插图；邓南遮写了小说《死亡的胜利》；马塞尔·施沃布写了《默乃尔之书》；切萨雷·龙勃罗梭古格列莫·费雷罗发表了《女性犯罪论》。
画了《音乐寓言Ⅰ》和《爱》，坚定地朝向了象征主义方向。	1895	乔治·德·弗勒画了《邪恶之声》；托马斯·库珀·戈奇画了《致命的新娘》；弗兰克·魏德金创作了剧本《地神》；卢米埃兄弟的第一部电影问世。
制定好了维也纳大学大礼堂的装饰方案：克里姆特将会画《哲学》、《医学》和《法学》，并用羽毛做装饰。	1896	费尔南德·赫诺普夫画了《狮身人面像》，雕刻了《薇薇安》；威廉·莫里斯和约翰·埃弗里特·米莱斯去世；卢西恩·利维·杜默画了《莎乐美》；斯特凡娜·马拉美创作了戏剧《希罗底》；理查德·施特劳斯创作了交响诗《查拉图斯特拉如是说》。
加入了新成立的奥地利象征艺术家联盟，即维也纳分离派，同年为这一艺术运动创办杂志《神圣之春》，并参与编写工作；画了《寓意与象征》组画之《悲剧》；与艾米丽·芙洛格开始每年前往Kammer度过夏季。	1897	拜占庭艺术在维也纳重现了：J.P.李希特发表了《拜占庭艺术史溯源》；爱德华·蒙克画了《在人类大脑中》；乔凡尼·塞冈提尼画了《罪恶之源》。
《神圣之春》第一期问世；为维也纳分离派艺术展所画的宣传画《忒休斯和米诺陶诺斯》遭到指责，克里姆特不得不对其进行修改；画了《女神雅典娜》《音乐寓言Ⅱ》《流动的水》《索尼娅·奈普斯像》，还为自己的母亲和弟弟恩斯特的女儿画了肖像画。	1898	举办了维也纳分离派第一次艺术展；奥托·瓦格纳的学生约瑟夫·奥布里希为维也纳分离派建造了展览馆；伯恩·琼斯、彼埃·毕维·德·夏凡纳、居斯塔夫·莫罗、奥博利·比亚兹莱去世；托马斯·曼出版了短篇小说集《小人物弗利德曼先生》；伊塔洛·斯韦沃发表长篇小说《暮年》；邓南遮创作了剧本《死城》；居里夫妇发现了放射性元素"镭"。
为维也纳大学画寓意画《哲学》；画了《弹钢琴的舒伯特》、《瑟琳娜·莱德勒肖像》、《真相》和《银鱼》。	1899	海因里希·沃尔夫林发表了艺术分析著作《古典艺术》；契诃夫创作剧本《万尼亚舅舅》；莱纳·玛利亚·里尔克开始了诗集《时间之书》的创作。

在维也纳分离派第七次艺术展上画了自己最初的风景画；《哲学》完成后，获得了巴黎世博会颁发的最佳外国作品金奖；进行《医学》的创作。	1900	意大利王国国王翁贝托一世被暗杀；巴黎世博会；乔治·德·弗勒画了《莎乐美》；爱德华·蒙克画了《生命之舞》；弗洛伊德出版了《梦的解析》。
画了《茱蒂斯I》；在维也纳分离派第十次艺术展上，《医学》引起了激烈的争论，刊登了《医学》草图的《神圣之春》也遭到议会的质疑，并被要求没收所有在市面上发行的刊本。	1901	女王维多利亚去世，爱德华七世继承英国王位；意大利人马可尼跨大西洋的无线电报发射成功；阿诺德·勃克林、土鲁斯·劳特累克和朱塞佩·威尔第去世；托马斯·曼长篇小说《布登勃洛克一家》首版问世。
2月在维也纳分离派第十三次艺术展上展出了《金鱼》；为了第十四次艺术展而专注于绘制《贝多芬横饰带》，在艺术展其中一间展厅的三面墙上画下了这幅大作；为艾米丽·芙洛格画了一幅肖像画。	1902	马克斯·克林格尔在维也纳分离派第十四次艺术展上展出了雕像《贝多芬》；库诺·阿密特画了《希望》；爱德华·蒙克创作了木刻版画《吻》；约翰·洛朗写了小说《拿着红百合的公主》；爱弥尔·左拉去世；古斯塔夫·马勒完成了《第五交响曲》。
"维也纳工坊"成立，克里姆特加入维也纳工坊；画了《法学》和《希望I》；两次游历拉维纳；维也纳分离派艺术家们成立的现代画廊举行了开幕式；年末《神圣之春》停止了发行。	1903	马其顿爆发了反土耳其起义；意大利开始了乔瓦尼·乔利蒂执政时代；阿尔弗雷德·库宾完成了《生育》；卡米耶·毕沙罗、保罗·高更和詹姆斯·惠斯勒去世；奥托·魏宁格写了论文《性与性格：生物学及心理学考察》；莱特兄弟的第一架飞机试飞成功。
开始创作《水蛇I》和《水蛇II》，1907年完成；最后一次参加维也纳分离派艺术展；进行位于布鲁塞尔的斯托克雷特宫的餐厅的装饰工作。	1904	发生了日俄战争以及因此而来的亚瑟港战役；亨利·马蒂斯创作了《奢华、宁静和愉悦》；亨利希·曼写了《蓝色天使》；弗兰克·魏德金德写了剧本《潘多拉的盒子》，阿尔班·贝尔格为其谱曲；理查德·施特劳斯改编歌剧《莎乐美》。
放弃了维也纳大学大礼堂的装饰工作，要求买回他的作品；画了《玛格丽特·史东波罗·维特根斯坦肖像》和《女人的三个阶段》。	1905	"波特金"号军舰上的水兵们发动兵变；分离派艺术家约瑟夫·霍夫曼进行着布鲁塞尔的斯托克雷特宫的装饰工作，1911年完成；巴黎秋季沙龙展览展出了野兽派作品；德国表现主义美术社团"桥社"在德累斯顿建立。
退出维也纳分离派并且组织 Kunstschau 艺术展；画了《芙丽莎·雷德肖像》，这是克里姆特"金色时期"杰出作品的第一幅。	1906	俄罗斯农业改革；弗朗茨·冯·斯托克画了《莎乐美》；保罗·塞尚去世；亨利·柏格森出版了《创作进化论》。
最后一次对为维也纳大学画的壁画做出改动；与年轻的艺术家埃贡·席勒开始来往；画了《吻》、第一幅《阿黛尔·布洛赫鲍尔夫人肖像》和《罂粟花田》；开始进行《达娜厄》的创作。	1907	英国、法国和俄罗斯签订三国同盟条约；罗马教皇发布《牧羊通谕》；毕加索画了《阿维农的少女》；乔治·布拉克继野兽派时期之后，进入了立体主义时期；德意志制造联盟成立。
艺术家们为1908年 Kunstschau 艺术展举行开幕式：克里姆特致开幕词并且展出了16幅作品；完成《达娜厄》，画面内容是一位有着红色头发、盖着黑色纱巾的女性；完成了《两姐妹》、《希望II》和《阿特湖古堡IV》。	1908	奥地利吞并了波斯尼亚-黑塞哥维那；少壮派革命；特奥多尔·冯·西克尔和约瑟夫·奥希里希去世；奥斯卡·柯克西卡离开了维也纳工坊；密斯·凡·德·罗进入了彼得·贝伦斯位于柏林的设计工作室；维也纳精神分析协会成立。
画了《茱蒂斯II》和《戴帽子和羽毛围巾的夫人》；开始了《母亲与孩子》的创作；举办第二次 Kunstschau 艺术展；10月去往巴黎和马德里；参加了第十届慕尼黑国际展览和柏林分离派第十八次艺术展。	1909	《未来主义宣言》发表；弗朗茨·维克霍夫去世；彼得·贝伦斯在柏林为德国通用电器设计了第一套完整的企业识别系统；弗兰克·劳埃德·赖特设计了芝加哥罗比住宅；伽利尔摩·马可尼因为发明了实用无线电报系统而获得了诺贝尔物理学奖；卡尔·古斯塔夫·荣格写了《梦的解析》。

在第九届威尼斯艺术节上取得了显著成功;米特克画廊在维也纳为克里姆特举办了一次无展品目录册的艺术展;画了《黑色羽毛帽》。	1910	弗兰克·劳埃德·赖特在柏林举办建筑作品展览会;罗杰·弗莱在伦敦格拉夫顿美术馆办了"后印象派"画展。阿道夫·路斯在维也纳建造了斯坦纳住宅;瓦西里·康定斯基创作了第一幅抽象水彩画作品。
在罗马国际艺术展上荣获了最高奖;先后在罗马和佛罗伦萨逗留,同年去往布鲁塞尔、伦敦和马德里;在布鲁塞尔的斯托克雷特宫挂上了克里姆特的镶嵌装饰作品《斯托克雷特横饰带》。	1911	意大利土耳其战争;意大利战胜利比亚;瓦西里·康定斯基写了《论艺术的精神》,他与弗朗兹·马尔克一起在慕尼黑创立了"青骑士";瓦尔特·格罗皮乌斯开始设计德国法古斯工厂;托马斯·曼创作了中篇小说《死于威尼斯》;阿诺尔德·勋伯格出版了《和声学》。
走出了危机,开始了一段美术活动密集的时期;绘画作品表明他受了日本艺术的影响;这一年克里姆特画的肖像画标志着所谓"华丽风格"时期的开始。	1912	巴尔干同盟国家发起反土耳其战争;马勒维奇从新原始主义转向立体派,也成为"立体未来派"的成员;贾科莫·巴拉画了《被拴住的狗的动态》;胡戈·冯·霍夫曼斯塔尔开始创作小说《安德烈亚斯》;弗兰兹·卡夫卡写了《变形记》。
完成了作品《处女》,在第十一届慕尼黑国际展览上展出;参加了德国艺术家联盟的第三次艺术展(曼海姆艺术厅)。	1913	"桥社"解散;纪尧姆·阿波利奈尔发表诗集《醇酒集》;马塞尔·普鲁斯特开始创作《追忆似水年华》;贝奈戴托·克罗齐发表演讲《美学纲要》;埃德蒙德·胡塞尔发表《纯粹现象学概论》。
参加了德国艺术家联盟在布拉格的艺术展;结束在巴黎的旅行;开始创作《女男爵伊丽莎白画像》;在表现主义理论的影响下,德国艺术界内引发了对克里姆特的批判(威廉汉姆·豪森施泰因)。	1914	6月29日:萨拉热窝事件;第一次世界大战爆发;在伦贝格,奥匈帝国军队不敌俄罗斯帝国军队,失去加利西亚;乔治·特拉克尔在克拉科夫的精神病院自杀;奥古斯特·马克去世;弗洛伊德提出了"自恋"的概念;巴拿马运河开始通航。
画了《芭芭拉·芙洛格肖像》(艾米丽·芙洛格的母亲)、《夏洛特·普利策肖像》(瑟琳娜·莱德勒的母亲)和一些关于阿特湖的风景画。	1915	5月24日,意大利加入了(第一次世界大战)协约国方面作战,与奥匈帝国对抗;土耳其远征军抵达欧洲加里波利半岛;马塞尔·杜尚开始玻璃绘画《大玻璃》;海因里希·沃尔夫林的《美术史的基本概念》问世;阿尔伯特·爱因斯坦提出《广义相对论》引力方程的完整形式。
与爱埃贡·席勒、奥斯卡·柯克西卡和法伊斯陶尔一起,参加了柏林分离派艺术展中的奥地利艺术家展区;完成了《女男爵伊丽莎白画像》,进行着《弗雷德里克·玛利亚·比尔肖像》和一些风景画的创作。	1916	凡尔登战役;弗兰茨·马尔克在凡尔登去世;翁贝特·波丘尼和安东尼奥·圣特利亚去世;保加利亚加入一战同盟国方面作战;奥地利皇帝弗朗茨·约瑟夫一世去世,哈布斯堡家族末代皇帝卡尔一世继位;出现了达达主义艺术运动。
去往摩拉维亚、蒂罗尔和罗马尼亚;画了《婴儿》《莉达》《女朋友们》和《持扇美人》。开始了《约翰娜·施陶德夫人肖像》《新娘》和《亚当和夏娃》的创作。	1917	俄国爆发了十月革命;美国、希腊、中国先后加入协约国联盟;卡波雷托战役,德奥联军进攻,意军战败;奥古斯特·罗丹和埃德加·德加去世。
从罗马尼亚游历归来,突发脑中风(1月11日);2月6日在医院去世;艾米丽·芙洛格守在病床前陪克里姆特度过了最后时光。	1918	维托里奥·维内托战役中奥匈帝国战败;第一次世界大战结束;奥匈帝国皇帝卡尔一世退位;埃贡·席勒、奥托·瓦格纳、科罗曼·莫塞尔和费迪南德·霍德勒去世。

索引

古斯塔夫·克里姆特作品索引

A
《阿波罗和狄俄尼索斯的祭坛》15
《阿黛尔·布洛赫鲍尔夫人肖像Ⅰ》108，109
《阿黛尔·布洛赫鲍尔夫人肖像Ⅱ》139
《阿特湖古堡Ⅰ》102
《阿特湖古堡Ⅲ》103
《阿特湖之岛》100
《爱》22，94
《艾米丽·芙洛格》31
《艾米丽·芙洛格肖像》110，局部 111

B
《芭蕾舞者》132
《贝多芬横饰带——对方力量的敌意》78，局部 79，81
《贝多芬横饰带——对人性的渴望飞走了》80
《贝多芬横饰带——对人性的渴望飞走了》草图 80
《贝多芬横饰带——欢乐颂》82
《贝多芬横饰带——健壮的武装骑士》局部 77
《贝多芬横饰带——健壮士兵与象征诗歌的女子的拥抱》83
《贝多芬横饰带——人类向健壮的武装骑士祈祷》草图 75
《贝多芬横饰带——人类向健壮的武装骑士祈祷》局部 76
《悲剧的寓言》素描 21

C
《持扇美人》局部 114，136，153
《处女》136，137，局部 138，146

D
《达娜厄》94，95，106
《达娜厄》草图 94
《戴帽子和羽毛围巾的夫人》124
《雕塑寓言》20
《雕塑寓言》草图 20

F
《法学》67，69，72
《法学》草图 68
《费德里克·玛利亚·比尔肖像》145
《芙丽莎·雷德肖像》113

G
《钢琴家约瑟夫·彭鲍尔肖像》27，75
《管风琴演奏家》24，75

古斯塔夫·克里姆特亲笔写给艾米丽·芙洛格的明信片 30

H
《赫曼·加莉亚肖像》112
《黑色羽毛帽》122，局部 123
《黄金骑士》75

J
《嫉妒》(《神圣之春》插画) 44
《家》106
《金鱼》草图 84
《金鱼》局部 66，84—86，146

K
《开花的苹果树》72

L
《老女人》106
《莉达》96
《两个女孩与夹竹桃》18
《两姐妹》125
《流动的水》87，88
《伦敦环球剧场》15
《裸男》11

M
《玛丹·普利马威西肖像》148
《玛格丽特·史东波罗·维特根斯坦肖像》110
《玛利亚·蒙克画像Ⅲ》143
《马尔切西内——加达湖边》150
《美人鱼》71，86
《牧歌》14

N
《女男爵伊丽莎白画像》142
《女朋友们》151
《女神雅典娜》42，43，44，局部 45
《女人的三个阶段》127，128

S
《萨福》95
《瑟琳娜·莱德勒肖像》107
《双腿叉开坐着的女人》97
《少女》(玛丽·齐默尔曼) 草图 31
《神圣之春》的日历页 36

《水蛇Ⅰ》（局部）84，86，87
《水蛇Ⅱ》87，88，局部 89
《斯托克雷特横饰带——玫瑰簇》底图 117
《斯托克雷特横饰带——期待》底图 118
《斯托克雷特横饰带——骑士》底图 120
《斯托克雷特横饰带——拥抱》底图 119
《死亡与生存》133，局部 134—135，146
《死者的游行》87，88
《松林Ⅰ》100，101
《索尼娅·奈普斯肖像》106

T
《塔纳格拉女孩（古希腊主题第二部分）》18，26
《泰斯庇斯旅行车》15
《陶尔米纳剧院》15，17
《弹钢琴的舒伯特Ⅰ》草图 23
《弹钢琴的舒伯特Ⅱ》草图 23
《弹钢琴的舒伯特Ⅱ》24，局部 25

W
为青年作的画 12
维也纳分离派第七次展览上的私人藏书票 42
维也纳分离派第一次展览的海报 42
维也纳分离派第十八次画展海报 62
《维也纳老城堡剧院内部图》15
《吻》84，92，93，94
《温特阿赫——阿特湖旁的教堂》150

X
《希望Ⅰ》87，88，90，局部 91
《希望Ⅱ》92
《向日葵》105
《向日葵园》104
《小女孩肖像》9
《新娘》136，139，146，147，153

Y
《亚当和夏娃》141，142，150
《亚当和夏娃》草图 141
《演员约瑟夫·莱温斯基肖像》22
《一位女士的肖像》144
《医学》粗稿（局部）（其一）61
《医学》粗稿（局部）（其二）63
《医学》44，58—60，65，67，72
《医学》草图 60
《音乐寓言Ⅱ》26

音乐与戏剧国际展览的海报 23
《婴儿》139，140，142，146
《有胡子的男人肖像》9
《右脚迈了一步的裸男》10
《尤金妮亚·普利马威西肖像》149
《鱼血》86，88
《寓言》13，14
《约翰娜·施陶德夫人肖像》146
《音乐寓言Ⅰ》局部 6，26

Z
《青年》杂志的封面 34
《哲学》44，56，57，58，67，72，87
《哲学》草图 56
《真相》（1899）44，46，48
《真相》（《神圣之春》杂志插图）（1898）44，46
《茱蒂斯Ⅰ》局部 33，48，50，局部 51，84，106
《茱蒂斯Ⅱ》52，局部 84，128
《朱尼厄斯的寓言》草图 21

其他人名及作品索引

A
阿道夫·冯·维尔布兰特 15
阿道夫·路斯 131
阿道夫·斯托克雷特 115
阿洛依·里格尔 29，49
阿诺德·勃克林 86
　　《平静的大海》局部 86
阿诺尔德·勋伯格 29
阿尔班·贝尔格 29
阿尔弗莱德·罗勒 33，34，62，75
阿特米希娅·津迪勒奇 52
阿图尔·施尼茨勒 28
爱德华·蒙克 50，52，70，92，128
　　《圣母玛利亚》70
　　《吻》92
　　《吸血鬼》50，52
埃贡·席勒 85，96，97，104，122，125，128，132，139，144，146，152
　　《穿着工作服的古斯塔夫·克里姆特》85
　　《达娜厄》96
　　《恶意（格特鲁德·席勒）》122
　　《费德里克·玛利亚·比尔肖像》144
　　《流苏毯上的两个女孩》146
　　《拥抱》139

艾米丽·芙洛格 19，30，31，98—100，152
埃米尔·加莱 41
埃内斯托·冯·克贝尔 54
安东·布鲁克纳 29
安娜·克里姆特（克里姆特的母亲）9
奥博利·比亚兹莱 40
奥古斯特·罗丹 30，38
　　《维也纳分离派第十四次画展海报》62
奥古斯特·莱德勒 72
奥斯卡·柯克西卡 104，121，122，125，126，132，139
　　《暗杀者，女人们的希望》展映宣传画 128
　　《暴风雨》139
　　《采集棉花的女人》126
　　《谈话中的夫妇》128
奥托·艾克曼 34
奥托·帕玛威丝 117
奥托·瓦格纳 28，33，35，115，121
　　《卡尔广场地铁站》29
奥托·魏宁格 28

B
保罗·波多盖希 98
保罗·高更 128
贝托尔德·洛夫勒、阿帕戈·萨塔纳斯 84
　　讽刺画——人们看见《金鱼》的反应 84

E
恩斯特·克里姆特（克里姆特的弟弟）7—9，12，19，20
恩斯特·克里姆特（克里姆特的父亲）9
恩斯特·马赫 28

F
费迪南德·霍德勒 38，132
费迪南德·劳夫贝尔格 8，10
菲利克斯·瓦洛东 128
费尔纳（建筑师）13
费尔南德·赫诺普夫 26，40，48，49
　　《美杜莎的血》49
　　《女人头像》68
　　《艺术》49
　　《伊索尔德》48
弗朗茨·黎比士 126
弗朗茨·冯·斯托克 62
　　《罪》48
弗朗茨·马奇 7，8，12，14—16，54，72，112
　　《神学》72
弗里茨·诺沃提尼 80

弗朗茨·维克霍夫 56
弗朗西斯科·朱塞佩 29
弗里德里希·约德尔 58，65

G
戈特弗里德·森佩尔 12，15
古斯塔夫·马勒 29，75

H
哈森内尔 15
汉斯·马卡特 10，13，15，16，72
赫尔曼（建筑师）13
赫尔曼·巴尔 24，29，48，64
亨利·德·图卢兹·罗特列克 38
亨利·范德维德 40
亨利·马蒂斯 128，132
胡戈·冯·霍夫曼斯塔尔 29

J
加布里埃尔·邓南遮 64
伽利略·奇尼 40，41，72，73
　　《温泉浴场的瓷砖》局部 41
　　《带有鱼图案的盘子》40
　　《绘有蛇图案的瓷瓶》72
　　《永远新鲜的春天》73
居斯塔夫·莫罗 50
　　《莎乐美》52
　　《施洗约翰的头在显灵》局部 50

K
卡尔·克劳斯 28，72
卡尔·赖宁豪斯 82
卡尔·摩尔 33-35，121
克劳德·莫奈 100
科罗曼·莫塞尔 33—35，62，98，115，121，128，129，131
　　维也纳分离派第十三次画展海报 62

L
拉斐尔·桑西 14，39
莱纳·玛利亚·里尔克 29
劳伦斯·阿尔玛·塔德玛 16
雷米吉乌斯·盖苓 54
　　古斯塔夫·克里姆特讽刺画——正在画布上重新画着他的《哲学》草图 54
鲁道夫·巴切尔 35，38
　　维也纳分离派第一次展览开幕式 38
路德维希·希维西 38，87，122

路易斯·康福特·蒂芙尼　40，41
　　蒂芙尼工作室的台灯　40
罗伯特·穆齐尔　29

M
马丁·格拉克　13
玛格丽特·麦克唐纳、查尔斯·伦仑·麦金托什　40
　　西餐厅的菜单（The White Cockade）　40
马克斯·克林格尔　44，74，81，86
　　《贝多芬》74，81
　　《蛇》44
　　《美人鱼》（特里同和涅瑞伊得斯）86
马克思·利伯曼　62
马克西米利安·库兹威尔　35
　　维也纳分离派第十七次画展海报　35
玛丽·齐默尔曼　24，31，152
米开朗琪罗·博纳罗蒂　14
莫里斯·梅特林克　64

N
尼采　26
尼古拉斯·冯·顿巴　23

P
皮埃尔·博纳尔　128
普林尼奥·诺梅利尼　73

Q
乔凡尼·塞冈提尼　38
乔尔乔内　52
乔治·克里姆特（克里姆特的弟弟）10，44，98
乔治·修拉　100
　　《大碗岛的星期天下午》100

R
让·图洛普　40，68

S
桑德罗·波提切利　52

T
提香·韦切利奥　14

W
瓦多夫　88，90
瓦尔特·格罗皮乌斯　131

瓦西里·康定斯基　43，62
威廉·冯·哈特尔　54，58，60，88
威廉·莫里斯　40，62，124
维克多·霍塔　40
维托里奥·赞科情　73
文森特·凡·高　38，104，128，132
沃纳·霍夫曼　150

X
西格蒙德·弗洛伊德　28，87，150

Y
伊凡·梅斯特罗维奇　73
尤里乌斯·维克托·贝尔格　10
约翰内斯·杜拜　101，104，146
约瑟夫·奥古斯特·勒克斯　128，130
约瑟夫·霍夫曼　33，34，98，115，116，121，125，126，129—131
　　银项链　131
　　《维也纳工坊宣传画》129
　　　　盒子　131
　　　　椅子　41
　　　　茶具　129
　　　　餐具　130
约瑟夫·玛利亚·奥布里希　33，36—39，115
　　《维也纳分离派会馆正面》草图　38
　　《维也纳分离派会馆》草图　36
　　印有维也纳分离派会馆图案的明信片　39
约瑟夫·玛利亚·奥申塔勒　34
　　维也纳分离派第七次画展海报　34

Z
詹姆斯·恩索尔　90

参考书目

FONTI E MONOGRAFIE

F. Novotny, J. Dobai, *Gustav Klimt*, Salisburgo 1967; C. M. Nebehay, *Gustav Klimt. Dokumentation*, Vienna 1969; W. Hofmann, *Gustav Klimt und die Wiener Jahrhundertwende*, Salisburgo 1970; M. Bisanz-Prakken, *Der Beethovenfries*, Salisburgo 1977; J. Dobai, S. Coradeschi, *L'opera completa di Klimt*, Milano 1978; A. Strobl, *Gustav Klimt. Die Zeichnungen*, 3 voll., Salisburgo 1980-1984; O. Breicha (cura di), *Gustav Klimt*, Milano 1981; C. E. Schorske, *Gustav Klimt: la pittura e la crisi dell'ego liberale*, in Id., *Vienna fin- de-siècle*, Milano 1981; E. di Stefano, *Il complesso di Salomé. La donna, l'amore e la morte nella pittura di Klimt*, Palermo 1985; P. Bouillon, *Klimt: Beethoven*, Ginevra 1986; J. Clair, *Il nudo e la norma. Klimt e Picasso nel 1907*, Milano 1988; G. Belli, *Gustav Klimt. I capolavori*, Trento 1988; G. Fliedl, *Gustav Klimt 1862-1918*, trad. it., Colonia 1989; S. Partsch, *Klimt. Leben und Werk*, Monaco 1990; *Gustav Klimt*, Zurigo 1992; C. M. Nebehay, *Gustav Klimt. Von der Zeichnung zum Bild*, Vienna 1992; G. Fliedl, *Gustav Klimt (1862-1918). Il mondo al femminile*, Colonia 1992; F. Whitford, *Klimt*, Londra 1993; C. Dean, *Gustav Klimt*, Londra 1996; M. Chini, *Klimt*, Firenze 1996; C. M. Nebehay, *Gustav Klimt. Dal disegno al quadro*, Milano 1996; G. Frodl, *Il Fregio di Beethoven*, trad. it., Salisburgo 1997; *Klimt. La vita e le opere*, Firenze 1999; M. Bisanz-Prakken (a cura di), *Gustav Klimt e le origini della Secessione viennese*, catalogo mostra, Milano 1999; E. di Stefano, *Klimt. L'artista e le opere*, Firenze 1999; *Klimt und die Frauen*, catalogo della mostra, Vienna 2000; E. di Stefano, *Gustav Klimt. L'oro della seduzione*, Firenze 2006.

REFERENZE FOTOGRAFICHE

© Blauel/Gnamm/Arthotek/Archivi Alinari, Firenze: pp. 6, 26a.
© Imagno/Arthotek/Archivi Alinari, Firenze: pp. 88 a, 89.
© Erich Lessing: pp. 2, 16, 27, 32, 43, 45, 50d, 51, 93, 108, 109, 137, 138.
© 2018 Foto Austrian Archive/Foto Scala, Firenze: pp. 66, 85.
© 2018 Digital image, The Museum of Modern Art, New York: p. 92a.

© Fondation Oskar Kokoschka by SIAE 2018

Le opere conservate in Gallerie e Musei dello Stato italiano sono riprodotte su concessione del Ministero per i Beni e le Attività Culturali.
L'editore si dichiara disponibile a regolare eventuali spettanze per quelle immagini di cui non sia stato possibile reperire la fonte. Quando non altrimenti indicato nelle didascalie, l'opera fa parte di collezione privata.

图书在版编目（CIP）数据

克里姆特 /（意）马泰奥·基尼著；范莺兰译. —
西安：太白文艺出版社，2018.3
（艺术人生）
ISBN 978-7-5513-1383-4

Ⅰ. ①克… Ⅱ. ①马… ②范… Ⅲ. ①克里姆特（
Klimt, Gustav 1862-1918）—生平事迹 Ⅳ.
① K835.215.72

中国版本图书馆 CIP 数据核字（2017）第 303763 号

For the original edition
Original title: "Klimt" by Matteo Chini
Copyright: © 2001, 2007 by Giunti Editore S.p.A., Firenze-Milano
www.giunti.it
The simplified Chinese edition is published in arrangement through Niu Niu Culture.

Chinese language copyright © 2018 by Phoenix-Power Cultural Development Co., Ltd.
All rights reserved.

著作权合同登记号　图字：25-2018-005 号

艺术人生
克里姆特
KELIMUTE

作　　者	〔意〕马泰奥·基尼
译　　者	范莺兰
责任编辑	彭　雯　周旭慧
特约编辑	时音菠
整体设计	Metis 灵动视线
出版发行	陕西新华出版传媒集团
	太白文艺出版社（西安北大街 147 号　710003）
	太白文艺出版社发行：029-87277748
经　　销	新华书店
印　　刷	北京旭丰源印刷技术有限公司
开　　本	787mm×1092mm　1/16
字　　数	58 千字
印　　张	10.25
版　　次	2018 年 3 月第 1 版　2018 年 3 月第 1 次印刷
书　　号	ISBN 978-7-5513-1383-4
定　　价	75.00 元

版权所有　翻印必究
如有印装质量问题，可寄出版社印制部调换
联系电话：029-87250869